La economía de las parábolas

La economía de las parábolas

Sabiduría económica atemporal inspirada en las parábolas del Nuevo Testamento

ROBERT SIRICO

Traducción de Mario Šilar

EDICIONES DEUSTO

Título original: *The Economics of the Parables*

Deusto es un sello editorial de Centro de Libros PAPF, SLU.
Av. Diagonal, 662-664
08034 Barcelona
www.planetadelibros.com

Primera edición: enero de 2024
Depósito legal: B. 20.293-2023
ISBN: 978-84-234-3666-8
Preimpresión: Realización Planeta
Impreso por Gómez Aparicio Grupo Gráfico

Impreso en España - *Printed in Spain*

A Robert J. Powers
Un amigo, un caballero y un emprendedor
que encarna los valores expresados en esta obra. D. E. P.

Sumario

Prólogo

Las relaciones entre el liberalismo económico y el cristianismo siguen siendo lamentablemente conflictivas. De hecho, hasta la encíclica *Centesimus annus*, la Iglesia no dio realmente carta de naturaleza al capitalismo democrático con la famosa frase de Juan Pablo II: «Si por capitalismo se entiende un sistema económico que reconoce el papel fundamental y positivo de la empresa, del mercado, de la propiedad privada y de la consiguiente responsabilidad para con los medios de producción, de la libre creatividad humana en el sector de la economía, la respuesta ciertamente es positiva».

La realidad es que este sistema económico ha logrado que la gran mayoría de la humanidad deje de vivir en situación de precariedad. Según los estudios del Banco Mundial y el análisis de economistas como William Easterly, Laurence Chandy, Xavier Sala i Martín o Daron Acemoglu, la pobreza se ha desplomado en las últimas cuatro décadas tanto en términos absolutos como relativos. Incluso a pesar del aumento de la población mundial, el número de personas que viven con menos de un dólar al día se ha reducido drásticamente desde 1980. Esta mejora generalizada se ha transmitido a todas las clases sociales ya que no sólo los ricos son más ricos, sino que también los pobres son cada vez menos pobres. Evidentemente, todavía existe mucha pobreza y debemos trabajar para erradicarla, pero lo logrado hasta el momento es un éxito indudable de la economía de mercado. Otros indicadores del desarrollo, como la esperanza de vida (que en África es ya de casi 60 años) o la mortalidad infantil, han mejorado muy notablemente. En 1960 fallecían en su primer año de vida 108 de cada 1.000 niños nacidos en el mundo. En 2011, esa cifra había bajado hasta los 28. Del mismo modo, el porcentaje de personas con acceso al agua potable sigue creciendo, aunque lentamente: entre 1990 y 2006 ha pasado del 80 al 86 por ciento de la población mundial.

En perspectiva, lo que deberíamos preguntarnos no es por qué hay pobres, sino por qué hay ricos. Desde que la humanidad comenzó su andadura, durante miles de años la norma fue convivir con la pobreza. Lo extraño ha sido el enorme crecimiento económico del que disfrutamos desde hace dos siglos gracias al capitalismo y al libre comercio. De hecho, es evidente que la pobreza y el hambre están mucho más presentes allí donde no hay ni democracia ni capitalismo, sino guerras, dictaduras totalitarias y socialismo en sus distintas facetas, desde la satrapía norcoreana o los generales africanos al más limitado, pero también nocivo, populismo latinoamericano. Culpar al liberalismo económico de la situación de precariedad en esos continentes es un gravísimo error fruto de la ignorancia o del sectarismo ideológico.

Las terribles condiciones de salud, alimentación o vivienda que todavía sufren millones de seres humanos en Iberoamérica, África o Asia se deben a que han sido excluidos del libre mercado, simplemente porque no hay mercado, ni realmente un Estado de derecho. Sin embargo, a pesar de la evidencia de los datos, algunas corrientes políticas y religiosas siguen recomendando como solución a los males que nos rodean más intervencionismo estatal, quizá sin darse cuenta de que las viejas fórmulas fracasadas no harán sino agravar el problema y causar más pobreza y hambre.

Más que a la existencia de la pobreza, los críticos de la economía de mercado se están refiriendo en los últimos tiempos a la desigualdad de resultados. Se enfoca el problema de la pobreza como si se tratara de redistribuir una tarta fija de riqueza que existe, pero está mal repartida. Sin embargo, la riqueza no es un pastel de un tamaño dado. Ésa es una visión anticuada, propia de la economía que existió hasta el siglo XVIII. Hasta entonces, sí existía prácticamente una economía de «suma cero». Pero a partir de la Revolución Industrial el pastel ha crecido permanentemente, lo que ha permitido que, aunque los ricos hayan sido cada vez más ricos, a la vez existan cada vez menos pobres (excepto en aquellos países con regímenes socialistas o dictaduras de todo tipo).

El problema no es de desigualdad de resultados, sino de escasez de crecimiento. Desde una perspectiva católica, es preciso afirmar que la desigualdad de ingresos y resultados es positiva y refleja cinco premisas basadas en los mensajes bíblicos:

- Cada uno de nosotros somos creados individualmente.
- Cada uno de nosotros somos creados libres.
- La diversidad es una consecuencia de la creación. Nacemos con distintos talentos, virtudes y defectos.
- Cultivando nuestros talentos podemos desarrollar nuestra ventaja comparativa y añadir valor al mercado, sirviendo con nuestros dones a necesidades y deseos ajenos.
- A través de esos talentos tenemos el mandato de crecer en todos los sentidos, espiritual y materialmente. Tenemos el mandato divino de multiplicarnos, no sólo en términos cuantitativos, sino también en términos cualitativos. Dios nos hizo señores de la tierra, lo que implica hacerla producir y crear riqueza de forma sostenida.

De estas premisas se deriva que la clave para que la humanidad prospere no está en la distribución, sino en la creación de riqueza a través de la libertad de empresa, la libertad de mercado, la igualdad ante la ley y la protección de los derechos de propiedad.

Como afirma el catedrático católico de Filosofía del Derecho de la Universidad de Sevilla Francisco José Contreras, «la libertad económica —si va acompañada de un Estado de derecho serio— proporciona siempre prosperidad. No sólo prosperidad:

también mejor atención sanitaria, esperanza de vida... y hasta igualdad social».

Precisamente para salvar esa contradicción ficticia entre liberalismo y cristianismo nació el Centro Diego de Covarrubias, que es un foro de pensamiento sobre economía, religión y libertad. Defendemos una visión de la sociedad comprometida con la libertad individual, guiada por el sistema de valores en los que se basa la civilización occidental, que ha demostrado ser la más libre, próspera y justa de las que ha creado el hombre. Como afirmó el papa Benedicto XVI: «La cultura de Europa nació del encuentro entre Jerusalén, Atenas y Roma; del encuentro entre la fe en el Dios de Israel, la razón filosófica de los griegos y el pensamiento jurídico de Roma. Este triple encuentro configura la íntima identidad de Europa».

El sistema que defiende el Centro Diego de Covarrubias está basado en el respeto absoluto a la dignidad ontológica y a la libertad del ser humano, creado a imagen y semejanza de Dios e individualmente único. En consecuencia, afirma no sólo la compatibilidad entre liberalismo y cristianismo, sino una especial afinidad del mensaje evangélico con la teoría económica liberal, anticipada en el siglo XVI por los escolásticos de la Escuela de Salamanca, a partir de su creencia de que todo acto humano es susceptible de someterse a juicio moral. Entre ellos estaba el obispo de Segovia Diego de Covarrubias, que da nombre al Centro. Este sabio formuló la teoría subjetiva del valor, que es la base de la economía de mercado.

Los mercados, que son una institución clave para la libertad de la persona, tienen su máxima expresión cuando intercambiamos bienes y servicios libremente. Millones de personas (consumidores o productores) y empresas participan en un proceso de satisfacción de necesidades y descubrimiento y evolución de preferencias. Un proceso en el que, a través de la actividad empresarial, se crea riqueza y empleo y se distribuye esa riqueza en función de lo aportado por cada participante a los demás. Se trata de actividades voluntarias donde no existe coacción externa. Es cierto que el mercado no tiene rostro ni un proyecto humano único, sino que tiene casi 8.000 millones de rostros y proyectos actuando libremente y respetando las leyes.

Es preciso recordar la definición que hace Michael Novak del *capitalismo democrático*. Se trata de un sistema que, a efectos de análisis, se basa en tres pilares íntimamente conectados.

- Un sistema económico de mercado, es decir, una economía de libre mercado y libre empresa que se deriva de la existencia de derechos de propiedad bien definidos y debidamente protegidos por las leyes. El mecanismo de libertad de precios y beneficios es el instrumento óptimo para asignar los recursos escasos de forma eficiente.
- Un sistema político democrático basado en la separación de poderes, la igualdad ante la ley, el respeto de los derechos constitucionales de las minorías y la garantía del derecho a la vida, incluida la del concebido aún no nacido, la propiedad y las libertades personales que derivan del derecho natural.
- Un sistema moral y cultural basado en los principios éticos y culturales de la civilización judeocristiana y grecoromana.

La clave está precisamente en los principios éticos y culturales en cuyo marco se desenvuelven los dos primeros pilares. Como dijo Juan Pablo II en la *Centesimus annus*, el problema no está en el sistema económico o político, sino en el sistema de valores que rige en una sociedad. Más adelante señala que «la economía de mercado no puede desenvolverse en medio de un vacío institucional, jurídico y político». Evidentemente, el capitalismo debe estar regulado por el imperio de la ley y por un sistema de valores apropiado. Un sistema que se basa en la libertad y en el respeto a las leyes es el más coherente con la cosmovisión humanista cristiana. Por el contrario, donde se instaura un sistema económico colectivista, que trata de controlar y manipular los mercados y los valores morales y culturales, desaparecen la libertad y la responsabilidad individual, y se vulneran los principios de la concepción cristiana de la persona creada a imagen y semejanza de Dios.

Los resultados de la puesta en práctica de los tres sistemas mencionados coinciden plenamente con lo que la Iglesia católica, en el número 1905 del catecismo, define como bien común: «El conjunto de aquellas condiciones de la vida social que permiten a los grupos y a cada uno de sus miembros conseguir más plena y fácilmente su propia perfección».

El reconocimiento, difusión y defensa de esos pilares de la libertad y del progreso, individual y social, son la razón de ser del Centro Diego de Covarrubias.

A este respecto, la colección de libros y cuadernos que iniciamos con el nombre de *Cristianismo y economía de mercado* pretende aportar conocimiento, ideas y argumentos en pro de una sociedad basada en el concepto indivisible de la libertad de la persona y su total compatibilidad con el cristianismo.

Vicente Boceta Álvarez
Presidente del Centro Diego de Covarrubias
www.centrocovarrubias.org

Introducción

El poder perdurable de las parábolas

Las bibliotecas están llenas de libros sobre las parábolas de Cristo, y con razón. En las parábolas tenemos historias llenas de sorprendentes detalles y estimulantes enseñanzas que ofrecen una guía moral de gran vigor. Las parábolas nos hacen detenernos y pensar. «Las parábolas son indudablemente el corazón de la predicación de Jesús —escribió el papa Benedicto XVI—. No obstante el cambio de civilizaciones, nos llegan siempre al corazón con su frescura y humanidad.»[1]

Muchas de sus enseñanzas resultan contraintuitivas y más difíciles de entender de lo que inicialmente podíamos esperar. Y, sin embargo, tendemos a recordarlas. Muchas de ellas hace ya tiempo que forman parte de la imaginación popular y han permanecido allí, incluso en tiempos altamente secularizados, desligadas de sus contextos. Si bien son historias emparentadas con las fábulas, las leyendas, los folclores, las alegorías y los mitos, las parábolas —y las parábolas de Jesús, en particular— son algo más porque rápidamente nos incitan a examinar nuestros corazones y a pensar sobre asuntos eternos desde la perspectiva de la totalidad de la enseñanza y la persona de

1. Ratzinger, Joseph (papa Benedicto XVI), *Jesús de Nazaret*, Ediciones Encuentro, Madrid, 2018.

Cristo, a través de ejemplos concretos de nuestra experiencia cotidiana.

La palabra latina *parábola* deriva del griego *parabolē*, que significa 'arrojar', o 'poner al lado de', o 'ubicar junto a', o 'colocar uno al lado del otro'. El término fue utilizado por Platón y Sócrates para denominar una historia comparativa, una analogía ficticia designada para revelar una verdad más profunda.[2] Séneca afirma que las parábolas son necesarias para la propia demostración de la verdad.[3] El Talmud también incluye parábolas, profundizando en su uso en las escrituras hebreas.[4]

Jesús predicando, Rembrandt, Biblioteca del Congreso de Estados Unidos.

2. Jowett, Benjamin, *The Dialogues of Plato in five volumes*, vol. III, Oxford University, Reino Unido, 1892, pp. 184-189 <https://www.john-uebersax.com/plato/myths/ship.htm>.

3. Séneca, Lucio Anneo, *Tratados morales*, Espasa, Barcelona, 2012. «Y puede haber un gran uso que se puede hacer de las parábolas: porque la forma de aplicación generalmente afecta más a la mente que el mero significado directo.»

4. Singer, Isidore, *The Jewish encyclopedia: A descriptive record of the history, religion, literature, and customs of the Jewish people from the earliest times to the present day*, Funk and Wagnalls Company, Estados Unidos, 1905, p. 71.

Las parábolas han sido utilizadas a lo largo de la historia como instrumentos retóricos o de enseñanza. Pero las parábolas de Jesús no son meramente didácticas, transmiten un significado trascendente que no se encuentra en su superficie, y sus implicaciones cambian según la audiencia. Ésta es precisamente la razón de ser de una parábola: una historia que conduce a un significado más profundo. «El que tenga oídos para oír, que oiga» diría Jesús (Marcos, 4, 9).[5] Sus parábolas exigen nuestro compromiso y nuestra libertad.

Había un trasfondo político en la aproximación parabólica de la enseñanza. El ministerio público de Jesús tuvo lugar en una atmósfera de peligro político y religioso. El Estado romano, como todos los Estados, no quería competidores y fue rápido en considerar a cualquiera que lo fuera como un enemigo. Los compañeros judíos de Jesús esperaban al Mesías, pero sus líderes religiosos tenían todo el interés en prolongar esta espera el mayor tiempo posible.

Por tanto, ¿cómo podría Jesús transmitir sus enseñanzas de un modo que pudiera ser entendido con precisión por aquellos que estuvieran abiertos a su mensaje, y al mismo tiempo no alarmar a aquellos sin oídos para oír, y sin generar controversia que distrajese de su foco principal? Sus parábolas eran parte de la respuesta, «Por eso les hablo en parábolas, porque miran sin ver y escuchan sin oír ni entender» (Mateo 13, 13).

Jesús «mostrará cómo, en una realidad que forma parte de su ámbito de experiencias, hay algo que antes no habían percibido —explica Benedicto XVI—. Mediante la comparación, acerca lo que se encuentra lejos, de forma que a través del puente de la parábola lleguen a lo que hasta entonces les era desconocido».[6]

La parábola debe distinguirse de la pura alegoría. Las parábolas tratan con elementos de la vida real, algo que puede haber sucedido, mientras que la alegoría es más probable que se relacione con la pura fantasía a fin de ilustrar un significado metafó-

5. Excepto cuando se indique, las citas de la Biblia en este libro son tomadas de la versión oficial de la Conferencia Episcopal Española.

6. Benedicto XVI / Joseph Ratzinger, *op. cit.*, pp. 232-233.

rico. Las parábolas enseñan en dos niveles: el mensaje de la vida real y el análogo teológico. A fin de entender la completitud del mensaje, ambos niveles deben ser comprendidos.

Leopold Fonck, cuyo estudio clásico sobre las parábolas de Jesús resulta digno de destacar, señala que una parábola en el sentido cristiano del término posee cuatro características: 1) el discurso tiene independencia interna y completitud, de modo que tiene sentido por sí mismo, 2) debe apuntar a una verdad sobrenatural, 3) esta verdad debe estar revestida en un lenguaje figurado, y, 4) los dos niveles deben ser comparados.[7]

Uno puede escuchar las parábolas como un creyente que cree que Jesús es el hijo de Dios. O como una persona que considera al maestro como una gran figura moral. Puede incluso escuchar las parábolas teniendo simplemente en cuenta su fuerza literaria o retórica. Todavía más, puede atender al relato en su sentido más sencillo y mundano, e incluso en este caso se obtiene aprendizaje. Algunas de ellas no requieren ninguna explicación. Sin embargo, todas ellas exigen una profunda reflexión.

Las parábolas son más frecuentemente analizadas en su nivel de significado más profundo, y seguramente éste es el nivel y objetivo primario. Escuchar y repetir una historia maravillosa al tiempo que se pierde de vista el propósito y la enseñanza más importante traiciona el sentido de la parábola. Sin embargo, sigue siendo cierto que las parábolas de Jesús son historias clásicas en sí mismas. El significado moral y espiritual de sus enseñanzas puede ser elucidado más claramente si desarrollamos una comprensión más rica de las circunstancias, de la lógica interna, de los presupuestos y del significado de las historias en sí mismas.

El poder perdurable de las propias historias resulta sorprendente. El mundo de hace dos mil años es, en muchos aspectos, casi inimaginablemente distinto del nuestro. Ninguna de las tecnologías que rodean nuestra vida diaria existían en aquel entonces. Los niveles de vida eran inmensamente más bajos. La esperanza de

7. Fonck, Leopold, *The parables of Christ: An exegetical and practical explanation*, Roman Catholic Books, Estados Unidos, 1997.

vida era mucho más corta. Ideas acerca de la prosperidad, la movilidad social, la seguridad y la vulnerabilidad de la vida en general eran inconcebiblemente diferentes en aquellos días. Las personas de los tiempos bíblicos no tenían muchas de las ideas que nosotros hoy en día damos por sentadas, ideas tales como los derechos humanos universales, la equidad política o las libertades fundamentales. Tampoco, por caso, tenían acceso a otras personas alrededor del planeta a través de pequeños dispositivos que guardaran en los pliegues de sus túnicas.

Sin embargo, los ejemplos de las historias retienen el eco de la autenticidad. Después de todo, la gente todavía pesca, se sumerge en el mar buscando perlas, cultiva y cuida las vides, siembra cultivos y cosecha, almacena las cosechas, otorga herencias y ofrece obsequios, construye casas con buenos cimientos, lidia con tensiones familiares y experimenta muchas experiencias de la vida que uno encuentra en las parábolas. La fuerza de las parábolas perdura en parte porque los ejemplos que Jesús utilizó han demostrado ser persistentes a lo largo de la historia. Son parte de la condición humana perdurable, al mismo tiempo que conservan una frescura que impide que sean vistos como anticuados o considerados como «una tecnología antigua».

Siendo alguien que frecuentemente escribe y habla en público, estoy atento a proporcionar ejemplos perdurables de las enseñanzas abstractas que deseo transmitir, y no dejo de asombrarme por esta característica de las parábolas de Jesús (Digo esto no solamente como sacerdote, sino como alguien que frecuentemente se encuentra ante públicos seculares). Se puede pedir a cualquier comunicador que ofrezca relatos que sigan teniendo sentido pasada una década, y esta persona reconocerá la magnitud del desafío. Una de las características más lamentables de la homilética contemporánea es el reconocimiento de la fuerza que tiene la enseñanza a través de las parábolas junto con la incapacidad, tal vez debido a una falta de paciencia, de ofrecer una historia que comunique de modo efectivo el mensaje que uno desea transmitir. Todos hemos escuchado a algún predicador comenzar una homilía o un sermón con una anécdota atractiva o un chiste que capta nuestra atención, y desilusionarnos, habiendo escuchado hasta el final, cuando caemos en la cuenta de que la introducción no tenía nada que ver con lo que era el núcleo del mensaje.

Una historia que demuestra ser resiliente durante más de dos mil años se encuentra en un nivel superior. En el contexto cultural actual, resulta difícil saber si las personas siguen siendo capaces de distinguir las realidades permanentes de las ocurrencias transitorias. Por ejemplo, una parábola de hace quince años podría hacer referencia a una cinta de vídeo VHS o a un disco «floppy» de memoria. ¿Cuántas personas no lograrían entender el significado o la conexión intrínseca entre la imagen utilizada y el mensaje que se desea transmitir, y mucho menos cualquier matiz de índole más sutil? Las parábolas de Jesús rara vez resultan oscuras, incluso si en algunos casos puede resultar útil clarificar algún detalle cultural o lingüístico específico.

Uno de los motivos que hacen que las parábolas sigan siendo tan atractivas se debe a que existen algunas verdades fundamentales acerca de la dimensión económica de la vida que se mantienen invariables, a pesar de las transformaciones acaecidas en la tecnología, la demografía y los estilos de vida en los últimos dos mil años. En última instancia, sigue siendo real el hecho de que la naturaleza no provee lo suficiente, en materia de recursos, para satisfacer todas las necesidades humanas en un momento dado. Es verdad que los recursos han aumentado enormemente y, sin embargo, siguen siendo escasos en comparación con las necesidades y los deseos humanos. Esto significa que siempre tendremos que hacer frente a la realidad de la escasez —y al problema de la producción, de la creación y asignación de los bienes y servicios para servir a las necesidades humanas—. La riqueza no está dada, debe ser creada. Y existen modos más y menos exitosos de alcanzar este objetivo.

Además, una vez que se ha creado riqueza, debemos enfrentar los inevitables dilemas morales acerca de cómo asignarla. El dato fundamental de la escasez en este mundo nos enfrenta con desafíos prácticos y morales vinculados con la propiedad, la responsabilidad, el derroche y la eficiencia. Debemos además enfrentarnos constantemente al paso del tiempo, que supone una limitación en términos económicos, una realidad que por lo general resulta simplemente ignorada (Esto bien puede ser el origen de la expresión: «el tiempo es dinero»). Existen tensiones: la acumulación versus la distribución de riqueza, el aquí y ahora versus el largo plazo, y, obviamente, la tensión entre lo temporal y lo eterno. Siempre habrá en este valle de lágrimas una lucha entre la provisión de bienes materiales y la preparación interior para la otra vida.

Estas elecciones, tensiones y dilemas no se limitan a una localización geográfica específica, tampoco a una clase de personas. Son universales e insoslayables. El problema de la escasez —específicamente entendida como el constante estado de anhelar cosas que no poseemos, incluido el tiempo— lo enfrentan ricos y pobres, urbanitas y residentes rurales, mercaderes y monjes, hombres y mujeres, teístas y agnósticos. Se trata de desafíos que persisten en todos los tiempos y lugares, y afectan a todos. Dicho con claridad: las restricciones económicas son un hecho inevitable de la vida, sea en tiempos de bonanza o de crisis, y de todo lo que hay en medio de estos dos extremos. Las limitaciones económicas conviven con nosotros independientemente de quiénes seamos o dónde habitemos.

Intuyo que las parábolas ofrecen enseñanzas perdurables, debido precisamente a que muchas de ellas son creadas a partir de las realidades económicas y de la vida comercial. Las parábolas abordan asuntos tanto en un nivel muy práctico y personal como en un plano más profundo y elevado, vinculado a deberes morales y espirituales. Este libro busca fortalecer las verdades más elevadas que contienen las parábolas mediante la investigación de los fines más prácticos de la economía, el comercio y la ética de los negocios, que a menudo pueden ser pasados por alto. En otras palabras, mi objetivo es discernir, en medio de lo mundano, las implicaciones trascendentes.

Es importante aclarar desde el principio que no entiendo por economía simplemente la compra-venta, mucho menos las meras matemáticas. Entiendo la economía en un nivel más fundamental como la disciplina que dilucida el alcance de la escasez en el mundo material, abarcando la compleja naturaleza del intercambio, el comercio y la acción humana. En particular, me intriga como la perspectiva económica y la comercial nos pueden ayudar a revelar de modo más profundo las implicaciones morales y teóricas de las enseñanzas de Jesús.

No es mi intención deducir una teoría económica o una teología, mucho menos una ideología a partir de las parábolas evangélicas. De hecho, la economía en cuanto disciplina científica o intelectual ni siquiera existía en los tiempos de Jesús. Por lo tanto, atribuir políticas económicas concretas al Salvador del mundo sería anacrónico, incluso teniendo en cuenta que lo que es verdadero acerca de la economía en la actualidad era similarmente verdadero en el siglo primero. Mi interés reside, por el contrario, en detectar los presupuestos económicos universales que se ponen en juego dentro de las historias. Al mismo tiempo, intento reconocer que estos presupuestos no son en sí mismos el núcleo central ni moral ni el objetivo de la parábola; y que, en alguna ocasión, Jesús da la vuelta a estos presupuestos para señalar su mensaje.

Una buena porción de mi vida pública intelectual ha estado relacionada con temas de política económica y sus consecuencias, especialmente las consecuencias morales de la toma de decisiones económicas. Al mismo tiempo, he estado involucrado a tiempo completo en mi actividad pastoral, por lo que mi motivo subyacente para escribir este libro puede ser descrito como un esfuerzo de integración o incluso de traducción. Deseo destacar en qué medida una persona económicamente informada puede aproximarse a las parábolas de un modo razonable y sensato. En cualquier caso, he podido detectar a lo largo de los años algunos aspectos distintivos en los que mis respectivos ámbitos de actuación se han enriquecido mutuamente.

Es evidente que las parábolas tienen una dimensión económica. De hecho, ¿cómo sería posible hablar acerca de detalles de la vida humana sin hacer referencia a la economía? De algún modo, la perdurable relevancia de las parábolas no es algo tan asombroso ya que en muchos sentidos la vida cotidiana no ha cambiado en sus aspectos esenciales. Las lecciones aprendidas a partir de la vida comercial —desde el modo en que intentamos conseguir alimentos, atuendos y alojamiento, la gestión del dinero, la forma en que nos relacionamos con las distintas clases sociales o en que compramos y las cosas que vendemos, el lugar en que trabajamos, cómo tratamos a nuestros jefes y a nuestros empleados— todavía tienen pleno sentido en el mundo actual. Y éstos son todos temas abordados por Jesús. Dicho de manera sencilla: Jesús nos está interpelando acerca del modo en que podemos derivar enseñanzas trascendentes del contexto de nuestra vida cotidiana.

Las lecciones o enseñanzas que Jesús intenta transmitir pueden resultar diáfanas a nivel teológico, sin embargo, su aplicación puede no ser tan clara. Sería un error pensar que estas lecciones o enseñanzas están fijadas o que son simplistas o estáticas. Por el contrario, pueden ser sometidas a debate, desarrollo y aplicarse de modo diverso en distintas circunstancias. Y considero que no examinar su conexión con las realidades económicas de nuestras vidas implica debilitar nuestra comprensión de las parábolas, lo cual las hace menos relevantes y menos accesibles.

La política entra necesariamente en la ecuación debido a que el gobierno, la ideología y la cultura cívica tienen un profundo y cada vez más penetrante protagonismo en la gestión de la economía en la actualidad. Escribo sobre la política económica de las parábolas, estoy preparado para la crítica que diga que estoy «politizando» las enseñanzas de Jesús. Esta crítica potencial está frente a mí mientras escribo, pero deseo señalar desde el principio que procedo con la intención explícita de evitar esta tentación por mi parte. Ciertamente, espero corregir la politización de las Escrituras que me he encontrado a lo largo de estos años. Pero ¿no es acaso el Estado contemporáneo el que ha politizado virtualmente la totalidad de la cultura comercial o de la cultura en general? En los tiempos de Jesús la cultura se vio afectada más por la colonización romana y por los tributos asociados a esta colonización. Jesús fue capaz de ofrecer historias universalmente aplicables a partir de la vida comercial de su tiempo precisamente porque ésta se encontraba relativamente libre de la influencia de la política y de cualquier aparato regulatorio específico, si se compara con la actualidad.

Las estructuras económicas actuales son enormemente diferentes. El comercio es internacional. La productividad ha aumentado drásticamente. Prevalece una estructura de capital compleja y global. En casi todos los países hay mercados de valores. El hombre moderno tiene un nivel de vida muy superior incluso al de las élites que vivían en los tiempos de Jesús.

Al mismo tiempo, debemos prevenirnos contra la impresión de que Jesús propuso sus ejemplos para recomendar algún tipo de sistema político o para promover alguna política económica ideal. Joachim Jeremias, en su estudio de referencia del año 1966 en esta materia, demostró que las parábolas fueron elaboradas a partir de la experiencia de la vida real que cualquier persona que las escuchara en tiempos de Jesús habría podido conocer y entender.[8] Las parábolas no eran construcciones puramente literarias. Tampoco fueron inventadas para proponer máximas. Las parábolas no son mitos.[9]

Por el contrario, las parábolas están relacionadas con conflictos de la vida y con dificultades que resultan familiares para cualquier persona. Las parábolas abordan situaciones del momento, son anécdotas muy bien escogidas simplemente porque estas situaciones se vienen repitiendo desde aquel entonces hasta nuestros días.

Las parábolas que he escogido para analizar han sido elegidas porque contienen una dimensión económica evidente y revelan una gran enseñanza acerca del modo en que vivimos y del modo en que «deberíamos» vivir. Son tan contemporáneas como cualquier moderno manual de ética empresarial, y no tengo duda en predecir que perdurarán mucho más que todos estos manuales.

Al tiempo que miramos atentamente a las historias en sí mismas y a sus aspectos económicos, nunca deberemos perder de vista el objetivo fundamental de las parábolas, que no consiste simplemente en enseñar aspectos prácticos de la gestión de los

8. Jeremias, Joachim, *Palabras desconocidas de Jesús*, Ediciones Sígueme, Salamanca, 1996.

9. Scott, Bernard Brandon, *Hear then the parable: A commentary on the parables of Jesus*, Fortress Press, Estados Unidos, 1990.

asuntos humanos, sino que pretende iluminar una relación fundamental entre nuestras vidas —con todas las contingencias de la vida material— y la buena noticia que Jesús trajo al mundo, y cómo esta noticia revela el mensaje y la intención de Dios.[10]

Buscamos la verdad trascendente en nuestras reflexiones sobre el orden natural. Los hechos aislados no satisfacen el anhelo humano, más bien, es el sentido que subyace a esos hechos lo que buscan los seres humanos. Captar la relación entre las habilidades y la devoción puede fortalecer y ensanchar el sentido de nuestra existencia temporal, en la medida en que la contemplamos hasta su raíz, en toda su desordenada contingencia, a fin de vislumbrar nuestro destino a partir de nuestro origen: un solo creador, una verdad, una realidad, sea en el tiempo o en la eternidad.

10. Juan Pablo II, *Centesimus annus*, (carta encíclica), Ciudad del Vaticano, 1 de mayo de 1991, <http://www.vatican.va/content/john-paul-ii/en/encyclicals/documents/hf_jp-ii_enc_01051991_centesimus-annus.html>.: «... se hace cada vez más evidente y determinante el papel del trabajo humano, disciplinado y creativo, y el de las capacidades de iniciativa y de espíritu emprendedor, como parte esencial del mismo trabajo. Dicho proceso, que pone concretamente de manifiesto una verdad sobre la persona, afirmada sin cesar por el cristianismo, debe ser mirado con atención y positivamente».

1

El tesoro escondido

> El reino de los cielos se parece a un tesoro escondido en el campo: el que lo encuentra lo vuelve a esconder y, lleno de alegría, va a vender todo lo que tiene y compra el campo. (Evangelio de san Mateo 13, 44)

Tenemos frente a nosotros una lección en valores. Las parábolas han recibido distintos nombres a lo largo de la historia, y ésta en particular, que es transmitida de modo privado a los discípulos y no frente a las multitudes, como era generalmente el caso, se denomina comúnmente como «la parábola del tesoro escondido».

El corazón del mensaje es claramente la prioridad del reino de Dios y la urgencia por alcanzarlo, sin importar el sacrificio. Una vez que se ha descubierto el tesoro, éste capta la atención del lector y lo atrapa, de modo que está dispuesto a renunciar al camino actual y perseguir, en cambio, uno nuevo. El descubrimiento del tesoro es un acontecimiento que transforma la vida de quien lo encuentra. Hay algo en este tesoro que cautiva el corazón y exige la renuncia a todos los demás amores, haciendo que el descubridor quiera volverse vulnerable como un modo de obtener algo de mayor valor. Lo que valoramos, y hasta qué punto tomamos decisiones basadas en estos valores, es el desafío principal de esta parábola. Meditar y reflexionar sobre nosotros mismos frecuentemente nos permite ver cosas que de otro modo resultarían oscuras o indiferentes.

¿Qué es el tesoro en la parábola? A menudo se imagina que es un cofre de oro o una bolsa de piedras preciosas. ¿Y por qué está escondido? ¿Lo escondió el dueño original, tal vez hace generaciones, por miedo a la guerra, al hambre o a cualquier otro desastre?[11] Algo así no habría sido inusual en una sociedad acostumbrada a la invasión y la huida. ¿Olvidó el dueño dónde lo había dejado? ¿Murió antes de informar a alguien de su paradero? Por supuesto, todo esto son conjeturas, pero ayudan a nuestra imaginación en la medida en que mejoran nuestra apreciación de la aplicación de la parábola. La cuestión económica (que apunta a una verdad moral más profunda) es que el tesoro se guardó allí a buen recaudo debido a la incertidumbre sobre el futuro, posiblemente debido a un cálculo fiable o bien a un mero rumor de que el tesoro no estaba a salvo. Enterrar un tesoro en la tierra es una forma muy buena de ocultarlo, con muchos precedentes.

El tesoro permanece enterrado hasta que alguien lo encuentra. Es fácil imaginar que la gente ha caminado sobre el suelo donde yacía durante décadas, sin descubrirlo. Sin embargo, nuestro descubridor ve su valor y se desprende de todo lo demás que posee con gusto para comprar el terreno al propietario actual y tomar posesión de su tesoro. En ésta, de una serie de breves parábolas del Evangelio de san Mateo, no se nos dice cómo lo encontró. Es posible que lo descubriera mientras labraba la tierra como empleado o arrendatario del propietario, o simplemente mientras exploraba. Puede que literalmente se cayera encima de él. Una vez más, se trata sólo de especulaciones.

El tesoro es a menudo una metáfora de la sabiduría, especialmente en las Escrituras. «Aceptad mi instrucción, no la plata; el conocimiento mejor que el oro fino —dice Proverbios 8, 10-11—. Pues la sabiduría vale más que las perlas; ninguna joya se la puede comparar.» Una forma de asegurar la riqueza o los recursos

11. Fonck, Leopold, *op. cit.*, p. 182.

en el mundo antiguo era esconderlos por miedo al robo o a la confiscación. De forma similar, algunos podrían pensar en preservar el tesoro de la sabiduría y del potencial de redención de un mundo inseguro para la verdad, o de una cultura que pudiera contaminarlo. Tal cultura, o tales personas, podrían no ser consideradas dignas de tener un tesoro compartido con ellas, de ahí la admonición: «No echéis vuestras perlas a los cerdos; no sea que las pisoteen con sus patas y después se revuelvan para destrozaros» (Mateo 7, 6), lo que explica por qué las parábolas pueden ocultarse a unos y confiarse a otros. El tesoro tiene que ser buscado mediante el descubrimiento y el esfuerzo.

El caso de un bien valioso que se deja en barbecho, sin que nadie lo reclame, presenta una oportunidad de compra. Se plantea entonces la cuestión de si el comprador del campo en cuestión tiene la obligación moral de revelar a su propietario que hay un tesoro escondido en él. La parábola no aborda este punto en particular (por interesante que sea). Sin duda, el potencial comprador tiene derecho a contar todo lo que sabe. Pero la obligación primordial de conocer el valor real de la propiedad recae en su dueño. El que descubrió el tesoro debe ser felicitado por la oportunidad de beneficiarse, porque ve valor donde otros no lo ven.

Esta situación puede parecer un gran dilema moral, pero ocurre todos los días en el intercambio de bienes y servicios. Por ejemplo, los comerciantes observan solares abiertos a los que nadie parece dar mucho valor. Los ven como lugares de gran potencial, donde pueden ofrecer bienes y servicios a los demás. En efecto, ven un tesoro. ¿Significa esto que el propietario del terreno no ve el futuro tesoro? Tal vez, pero no necesariamente. Lo primero que se le ocurre al propietario es que vender su terreno al minorista supone una ventaja económica. Ambas partes salen ganando en el intercambio, al menos desde sus perspectivas individuales, que son, por supuesto, las únicas que pueden tener.

Otra analogía sería el caso de un vendedor con un coche viejo —una «chatarra»— cuyo precio es de 500 dólares. Supongamos que llega un experto en automóviles y se da cuenta de que puede ser una rara antigüedad valorada en 50.000 dólares. Aun así, el coche se vende por 500 dólares, un 1 por ciento de su futuro valor

El tesoro escondido, John Everett Millais, grabado por los hermanos Dalziel, Museo Metropolitano de Arte.

de mercado. El comprador con conocimientos de automóviles es muy parecido a un empresario, dispuesto a correr el riesgo de que el mercado le dé la razón. No hay fraude y ambos se benefician del intercambio. Si lo pensamos bien, en todos los intercambios económicos en los que las personas son libres de aceptar o rechazar una oferta, ambas partes están convencidas de haber conseguido el mejor trato en el momento de la transacción.

En cuanto a la suposición común de que el vendedor está aprovechándose del cliente, esa lógica se aplicaría a todos los que tienen un puesto de helados y se aprovechan del calor de una tarde de verano; o a un restaurador que se aprovecha del hambre de la gente; o a una enfermera que se aprovecha de la enfermedad de alguien. Pero, en realidad, ¿son todas estas relaciones de explotación o de servicio?

La cuestión que hay que plantearse es si hay algo turbio en estas situaciones. Es una cuestión moral, pero también de valoración. Otra forma de verlo es preguntarse si bienes como los coches usados, o la comida, o la asistencia sanitaria, o la tierra tienen valor económico intrínseco en sí mismos, o si las personas *les aportan valor o lo crean* —un fenómeno que a veces se observa en economía—. Después de todo, cabría preguntarse ¿qué entendemos por «valor económico»? ¿No deberíamos considerar al menos que el valor económico de la cosa depende de quien hace la valoración, es decir, de la persona que calcula su valor en el momento de comprarla, que a su vez se basa en percepciones, oportunidades y disponibilidad? En realidad, el precio de cualquier artículo se establece por su valoración en la mente del comprador cuando se intercambian bienes, es decir, en los mercados. Todo ello presupone una honestidad absoluta y la ausencia total de engaño en el intercambio.

Se podría argumentar que habría sido un acto encomiable de cortesía, o incluso de caridad, revelar al propietario la existencia del tesoro. Sin embargo, el mero hecho de contextualizar tal acción en los buenos modales o la caridad ya supone admitir que no es un requisito ni de justicia ni de moralidad. Sostener lo contrario sería arrojar sospechas sobre una amplia gama de intercambios y acuerdos que damos por sentados, y obstaculizar el progreso y la mejora humanos. Esto impediría la creación general de riqueza en todos los intercambios en los que el comprador valora la cosa en venta por encima de quien la vende, y obligaría a una especie de proceso educativo previo a cada venta para convencer al vendedor del supuesto mayor valor del objeto (que desea vender).

Obviamente, no hay nada intrínsecamente único en los escenarios descritos anteriormente. En todos los intercambios de mercado, ambas partes perciben que obtienen el mejor trato, desde su propio punto de vista. Vendedor y comprador creen que salen ganando como resultado del intercambio y, de hecho, sólo podemos confiar en que sus percepciones sean correctas. Cuando compras leche en el supermercado, tú valoras más la leche que los 2 dólares que te costó comprarla, mientras que el supermercado valora más los 2 dólares que la leche. Y por ello se produce el intercambio. Si la leche estuviera aguada, o si se empleara algún engaño, se invalidaría moral y legalmente el trato.

Sin duda, los compradores y los vendedores llevan a la mesa de negociación suposiciones y valores diferentes. Aparte del mensaje teológico de esta parábola, también se muestra que el comercio puede ser mutuamente beneficioso incluso cuando existen diferentes suposiciones sobre el valor del artículo, es decir, cuando el comprador y el vendedor abordan un intercambio con diferentes objetivos en mente. Ambas partes pueden seguir beneficiándose. En el mundo real, las asimetrías de información y valores son inevitables y omnipresentes. Un sistema económico decente y moral es aquel que crea oportunidades de ventaja mutua. ¿Cómo podría ser de otro modo? ¿Querríamos que fuera de otro modo?

Esta parábola también nos dice algo sobre lo que significa descubrir y crear valor en un mercado. Mientras el tesoro permaneciera descubierto, sin usar y sin apreciar en el campo, no tendría ningún beneficio social. En lo que respecta al bienestar humano, podría no haber existido. No aportaba valor al propietario original porque, o bien no sabía que estaba ahí, o bien no lo apreciaba.

El tesoro no nos encuentra; tenemos que buscarlo y desarrollar en nosotros la capacidad de reconocerlo una vez encontrado. También tenemos que estar dispuestos a sacrificarnos para apropiarnos de él y a renunciar a otras cosas que obstaculizan su descubrimiento y obtención.

Quien ha encontrado algo ya no lo persigue. Como dice el refrán: «¿Cómo es que siempre encuentro lo que busco en el último lugar donde lo busco?». Es quien aún no ha hecho el descubrimiento el que busca, el mercader en busca de perlas finas.

La parábola del tesoro escondido nos invita a reflexionar sobre varias cosas. En primer lugar, lo que podríamos aprender de lo que llamaré la virtud de la atención o la vigilancia por parte del hombre que descubre el tesoro. El hábito de la vigilancia se nos encomienda en otras parábolas de forma menos sutil, pero no debemos perderlo de vista también aquí. Además, está el valor que nuestro descubridor concede a su hallazgo, un valor que le hace reordenar todos sus demás valores. Surge aquí una tercera cuestión, si no directamente de la propia parábola, sí inevitablemente derivada de ella. Cabe preguntarse qué pretendía hacer con el tesoro el hombre que lo descubrió. Está claro que no iba a dejarlo enterrado, pues de lo contrario no habría comprado la propiedad. Ve el tesoro como un enriquecimiento.

Conviene considerar qué es lo que da valor al tesoro. Aquí es importante distinguir los valores morales intrínsecos u objetivos que se dan en el orden natural, de los valores que los seres humanos otorgamos a cosas como las mercancías, al determinar subjetivamente el uso que les damos empleando nuestra mente, nuestra inteligencia y las circunstancias concretas de nuestra propia vida y la de nuestros familiares y seres queridos. En esto, la mente humana refleja en cierta medida la mente misma del Creador, que creó los cielos y la tierra, todas las plantas y los animales, y luego a la persona humana, modelada a su imagen y semejanza. Nuestra capacidad para descubrir e incluso crear valor es una extensión del poder de la razón que nos ha sido dado en la *imago Dei* de nuestra propia naturaleza. Dios ha «puesto la eternidad en sus corazones» (Eclesiastés 3, 11).[12] En la persona

12. Para conservar el sentido original, hemos traducido directamente de la

humana, la voluntad y el acto son una misma cosa, reuniendo los aspectos interior y exterior de la naturaleza humana. Dios nos ha creado como actores libres, responsables y autodeterminados.

Vemos todo esto en el plano temporal o externo, cuando somos testigos de personas especialmente hábiles para descubrir y crear valor subjetivo para sí mismas y para los demás. Y en este plano, debemos ser cautos para no albergar sentimientos de celos o envidia, que suponen la voluntad de destruir. La alternativa es cultivar y apreciar el talento creativo poco común, que puede descubrir beneficios para los demás y para la sociedad en general. El futuro siempre es incierto, por lo que las personas dispuestas a asumir riesgos de modo responsable e informado son muy valiosas, sobre todo cuando arriesgan sus propios recursos.

Sin embargo, la parábola revela algo más elevado que las lecciones terrenales que podemos extraer de la vida comercial. Nos habla de una sabiduría trascendente más allá de lo mundano y nos anima a descifrar la invitación a la gracia y a la unión con Dios oculta en nuestro mundo material, que nos señala más allá de sí mismo. Es el reino de los cielos al que se nos señala aquí, ese valor por encima de todos los valores, el bien objetivo, eterno, intrínseco y supremo. Aunque esta parábola trata de lo subjetivo y lo temporal, apunta más allá de esas cosas. Nuestros negocios, en los que tratamos de encontrar valor económico empleando recursos desaprovechados o infrautilizados, no son del todo diferentes de nuestro descubrimiento de algo tan precioso e ignorado, que pertenece no sólo a nuestro tiempo, a nuestras transacciones, sino a la eternidad, es más, a nuestro destino.

El actor central de nuestra parábola es descrito vendiendo todas sus posesiones «por alegría». Un sacrificio puede enriquecernos, no sólo empobrecernos. Es a esta alegría, a la alegría del reino, a la que debemos dar el mayor valor: estar dispuestos a vender todo lo que poseemos para obtenerla.

---

edición inglesa: *New King James*, Thomas Nelson, Estados Unidos, 1982. *(N. del t.)*

2

La perla de gran valor

> El reino de los cielos se parece también a un comerciante de perlas finas, que al encontrar una de gran valor se va a vender todo lo que tiene y la compra. (Evangelio de san Mateo 13, 45-46)

La parábola de la perla de gran valor comparte algunos rasgos con la parábola anterior, la del tesoro escondido. Ambas implican el hallazgo de algo de gran valor y la decisión de renunciar a todas las posesiones para obtenerlo. Ambas parábolas obligan al lector a preguntarse qué es lo que impulsa a una persona a venderlo todo para obtener algo de mayor valor. Ambas parábolas, por tanto, iluminan el curso de la vida humana, en la que nos enfrentamos continuamente a oportunidades de renunciar a «un pájaro en mano» por «ciento volando», como dice el viejo refrán.

La parábola de la perla de gran valor se inspira en la experiencia de un mercader. En la Vulgata, Jerónimo traduce *emporo*, la palabra griega para «mercader», por el latín *negotiator*, que implica una persona que negocia algo, o alguien que busca vender algo a alguien a un precio alto y comprar algo a un precio bajo.[13] Es la

13. Biblia Sacra: Juxta Vulgatam Clementinam, ed. Michael Tweedale, Baronius Press, Novum Testamentum, Reino Unido, 2008, p. 20.

persona que quiere hacer el trato, la que lleva las cosas a una conclusión acordada. La parábola es tan corta que en realidad no sabemos si el actor central pretende dar media vuelta y vender la perla o si es un coleccionista. Pero está participando en el tipo de actividad que vemos que tiene lugar en el mercado de valores a cada instante de cada día. Es el proceso continuo en todos los bazares callejeros del mundo. Los precios fluctúan en función de la valoración humana, el conocimiento subjetivo de las partes en el intercambio y la disponibilidad de recursos. Un gran negociador trata de encontrar el precio, el punto de contacto, en el que pueda producirse el intercambio, haciendo que cada una de las personas que participan en él quede satisfecha con su resultado.

El hecho de que Jesús emplee un bien de lujo como imagen central en este texto no es, por supuesto, una legitimación de los bienes de lujo en sí mismos. Tampoco una condena. Simplemente refleja el hecho de que las personas valoran cosas diferentes a niveles diferentes. Cuando personas con distintos valores se reúnen, suelen intercambiar cosas que valoran menos por otras que valoran más, en lugar de permanecer estáticas o desconectadas unas de otras.

Demasiados cristianos reflexivos consideran moralmente sospechoso que la gente se reúna para compartir e intercambiar valores en beneficio mutuo. Algunos tienen la impresión de que la caridad y el comercio, o la práctica de la fe y del intercambio económico, son siempre antitéticos. Es curioso que la experiencia necesaria y omnipresente de comerciantes y clientes suscite una opinión tan negativa. Tales creyentes son a menudo propensos a asumir que el cristiano debe adoptar una perspectiva que busque rehuir, o hacer espiritualmente irrelevantes, las acciones de una economía de mercado porque, de alguna manera, en lugar de basarse en el amor y el bien común, los negocios están inevitablemente animados por el egoísmo y la codicia, a pesar de nuestra dependencia de tales actividades. Pero esta preocupación no se expresa en esta parábola.

Aunque hay que reconocer que el objetivo de la parábola no es enseñarnos la importancia del comercio, me sigue resultando difícil entender, desde el punto de vista de ésta y otras parábolas de Jesús, cómo el rechazo generalizado del comercio, la negociación y los negocios ha calado tanto entre los cristianos. Las parábolas se basan en temas comerciales para plantear cuestiones morales más amplias sobre el objetivo de nuestras vidas, nuestras relaciones mutuas e incluso nuestra relación con Dios, de modo que resulta difícil entender por qué el comercio es malo. No se trata de reducir la «economía del reino», o lo que los teólogos han llamado la «economía de la salvación», a la economía de la vida en general. Sin embargo, la economía ordinaria y mundana, a la que me refiero aquí, sigue siendo un ámbito digno de contemplación y reflexión, y de hecho vemos a Jesús emplear este tipo de historias con mucha frecuencia.

No hace falta mencionar que el mundo de hace dos mil años no era como el que la mayoría de nosotros conocemos hoy, en el que muchas más familias pueden vivir en casas decentes y comprar en tiendas fabulosamente bien surtidas, lo cual no sólo habría sido inasequible para la mayoría de la gente entonces, sino que ni siquiera existía. Durante la mayor parte de la historia de la humanidad, la vida era una lucha por satisfacer las necesidades básicas, como la comida y la vivienda, lo que significaba que las luchas y sacrificios económicos ocupaban la mayor parte de la vida de la gente. Si la reflexión sobre Dios, o sobre el desafío del reino de Dios, fue alguna vez una posibilidad, tendría que haberse hecho desde dentro de esta realidad humana, como hace Jesús en esta parábola y en tantas otras.

Hoy las cosas son diferentes. Las cuestiones culturales nos unen —como el deporte o el cine—, mientras que la fuerza unificadora en el mundo antiguo era la lucha por sobrevivir obteniendo lo esencial: techo, ropa, comida y salud. Al tratar de ir al encuentro de la gente allí donde se encontraba, Jesús recurrió a temas que le eran muy familiares, lo que inevitablemente significaba referirse a la vida comercial. Si Jesús ofreciera parábolas hoy en día, podría, como muchos predicadores modernos, emplear analogías o metáforas de los deportes o el entretenimiento, no para apoyar cada partido de fútbol o serie de televisión, sino para atraer a la gente y señalar el reino.

En muchos calendarios litúrgicos modernos, el ciclo de lecturas del Evangelio presentará finalmente todas las parábolas de Jesús, y la parábola de la perla de gran valor llama profundamente la atención en cada ocasión. Se trata de una de las ocho parábolas breves del capítulo 13 del Evangelio de san Mateo, y el conjunto apenas tiene dos frases.

Esta parábola, junto con otras muchas, nos invita a contemplar nuestras acciones, incluidas la compra y la venta —acciones que muchos filósofos, desde el mundo antiguo hasta nuestros días, han considerado degradantes—. Jesús, por el contrario, utiliza el comercio como medio para comprenderlas y elevar nuestra mirada hacia el más alto de todos los valores: el reino de los cielos. Es cierto que se trata de una metáfora, pero no deja de ser curioso que Jesús la eligiera. El precio del discipulado, según Jesús, es renunciar a todo en la vida, incluso a la vida misma, para tomar la cruz y seguirle (Evangelio de san Mateo 16, 24).

Una perla no es una compra esencial. No es algo para comer. A diferencia de la ropa, no cumple ninguna función utilitaria. Era y sigue siendo un artículo de lujo, tan apreciado en el mundo antiguo como hoy en día. Obtener perlas no era fácil. En el mundo antiguo, no se podían fabricar; había que descubrirlas. Las más preciadas tenían una forma perfectamente redonda y un color translúcido.[14]

Para ilustrar lo valiosas que se consideraban las perlas, Plinio el Viejo describe cómo Cleopatra, empeñada en impresionar a Antonio con su opulencia, disolvió una vez una perla valorada en 100.000 piezas de oro en vinagre y se la bebió delante de él. Hoy equivaldría a medio millón de dólares. Sin duda, una primera cita memorable.[15]

La perla era un bien de lujo y en la parábola se presenta sin condenarla. Por el contrario, Jesús presenta al mercader como un hombre sabio por haber establecido correctamente sus prioridades al vender lo que debía de ser una cantidad considerable

14. Fonck, Leopold, *op. cit.*, p. 196.

15. Lapide, Cornelio a, *The great commentary of Cornelius a Lapide: The Holy Gospel according to Luke*, Loreto Publications, libro 9, capítulo 35, Estados Unidos, 2008.

La perla de gran valor, John Everett Millais, grabado e impreso por los hermanos Dalziel, Museo Metropolitano de Arte.

de bienes para obtenerla. Lo que podría ser visto como un bien material sin sentido, puede ser visto por otros como algo maravilloso, incluso como un reflejo de la belleza de la creación misma. Las percepciones de las personas y, por tanto, el valor que otorgan a los objetos difieren.

Téngase en cuenta, también, que una perla es más bien pequeña y aparentemente insignificante. Sólo pueden ser correctamente valoradas por conocedores que sepan apreciar su finura y singularidad. Saber observar las cualidades de una perla fina requiere conocimientos, experiencia e incluso maestría. Necesitamos ojos para ver y oídos para oír lo que tenemos delante.

Los retóricos, quienes hacen homilías y quienes cuentan historias suelen ridiculizar moralmente a los mercaderes, convirtiéndolos en meros ejemplos —objetos para dar lecciones— de superficialidad y codicia. Y ciertamente, las acciones en la vida real de muchos mercaderes han proporcionado abundante forraje para ello. Pero en esta parábola se presenta al mercader como una persona honorable que posee una perspicacia y sofisticación especiales, como alguien que actúa de manera sabia, prudente, buena, virtuosa e incluso valiente. Jesús lo presenta como un héroe y no como un villano. Este mercader es alguien que tiene sus prioridades en orden.

Merece la pena detenerse un momento en el término *mercader*, que suele definir a quien vende mercancías. En efecto, este mercader vende sus bienes para comprar la perla de valor supremo. Pero también podemos detectar algo más profundo en este mercader: se trata de una persona que descubre algo de gran valor y está dispuesta a correr grandes riesgos para obtenerlo. La parábola no presenta al mercader como alguien que se limita a empujar un carro y cobrar en metálico. Es un negociador.

El negociador puede ser visto como una especie de conciliador, en el sentido de que arregla los términos para que todas las partes del trato obtengan un beneficio.

Una vez más, la traducción latina de la parábola es útil para profundizar en nuestra apreciación del papel que desempeña este mercader o negociante: las palabras empleadas aquí para «encontró una» son «*inventa una*». *Inventa* es la raíz de nuestro término *inventar*, que significa hacer realidad algo que antes no existía. Por supuesto, este comerciante no crea literalmente la perla *ex nihilo* ('de la nada'), pero inventa o crea un valor que antes no existía, tanto por su conocimiento del valor general de las perlas de esa calidad como por su descubrimiento de su disponibilidad. El negociante ve la posibilidad de que una perla tenga un valor enorme y arriesga todo lo que posee para conseguirla.

Describimos al negociante que inventa o descubre valor como *empresario*, una palabra reveladora que implica crecimiento. Aquí, los angloparlantes han adoptado la palabra francesa para describir a una persona que crea o inicia un nuevo proyecto, o que asume una nueva oportunidad o empresa, incurriendo en riesgos en el mercado para ver fructificar este proyecto emprendedor.

Podemos observar que en esta parábola el emprendedor no encuentra la perla dentro de una ostra en una playa, que es donde normalmente se descubren las perlas. En cambio, la encuentra en el mercado, donde ya es propiedad de alguien, y la compra. Para ello se necesita perspicacia (para ver el valor de la perla cuando otros lo han pasado por alto) y persuasión (para llegar a un acuerdo). La utilización que Jesús hace de este escenario en relación con el reino de los cielos es un ejemplo de lo que he aludido antes: una visión del reino extraída de los hábitos y procesos de los negocios.

A lo largo de mi vida me he topado a menudo con una sospecha moral respecto de la propiedad privada, entendida casi como expresión de la codicia, al tiempo que se favorece algún tipo de propiedad colectiva que se considera más generosa u orientada a lo social. La lección de esta parábola sólo emerge cuando el acuerdo permite que lo que se posee de forma privada tenga un precio y se venda en el mercado a otros propietarios potenciales. Una vez más, no tengo ningún deseo de insertar un significado en esta parábola que no sea la intención de Jesús de enseñar, ni creo que Jesús esté tratando específicamente de establecer un aspecto económico concreto. Más bien, Jesús asume las percepciones que provienen de la realidad económica, y así nos permite derivar algunas percepciones de los principios y suposiciones que la parábola ya contiene. A continuación, podemos aplicar esas ideas al contexto moderno.

Una vez más, esta parábola no es una lección de teoría de precios; estamos hablando de metáforas. Lo que Jesús quiere decir es que el reino de los cielos tiene un «precio»: nos está hablando de la noción general de coste y valoración, de la que sólo una dimensión es económica. La lección es que debemos renunciar a todos los apegos temporales, incurriendo en algunos «costes» para alcanzar algo de valor infinitamente mayor. Y esto exigirá de nosotros el mismo tipo de discernimiento, voluntad de arriesgar y confianza en que nuestro juicio sobre el riesgo es adecuado al objetivo, al modo como lo exhibe el comprador de la perla. En cierto sentido, tenemos que negociar nuestro camino a través de todos los valores que compiten entre sí y de los impulsos que otras alternativas generan en nuestro corazón. En la vida de Jesús vemos a alguien que pagó el precio definitivo de dar su vida para abrir la vida eterna a todos los fieles. Lo que quiero decir es que, a menos que hablemos en algún sentido de un «precio» que también implica un «coste», nos quedaremos con una apreciación mucho menos sustancial del «valor» del reino de Dios. Al menos, el lenguaje de la economía puede dirigir nuestra mirada hacia arriba, más allá del mundo material.

La subestructura del intercambio comercial nos permite comprender la lección trascendente a un nivel más profundo. Por eso ver la compraventa característica de los mercaderes y empresarios como algo meramente malvado entorpecerá nuestra mente y nos hará perder el sentido esencial de esta parábola.

Si comprendemos el papel adecuado de la actividad comercial y apreciamos los beneficios, las pérdidas y el comercio como parte de la estructura limitada de este mundo, nuestra comprensión de ésta y otras parábolas se verá reforzada.

Comprender los mercados, trabajar dentro de sus contingencias y descubrir el modo en que estos asuntos temporales arrojan luz sobre las verdades cristianas mediante las cuales podemos afinar nuestras vocaciones como «empresarios espirituales», por así decirlo, son todas cosas que nos permitirán ver que, al final, lo que tiene valor último, y lo que da sentido y significado a toda valoración, viene de Dios y debe dirigirse de nuevo hacia Dios. A menos que estemos dispuestos a renunciar a todo, tal vez incluso corriendo riesgos en el proceso, cuando se nos presente esa oportunidad, nunca podremos obtener esa cosa de valor superior, de hecho, infinito. Todo esto, por supuesto, requiere fe en un fin que actualmente no vemos.

No hay nada de mayor valor en este mundo que ser uno con Dios tanto temporal como eternamente, es decir, abrazar la verdad en toda su plenitud. Para ver y comprender esto se requiere una visión no muy diferente de la de un empresario. Conseguirlo significa estar dispuesto a participar en una especie de intercambio en el que renunciamos a lo que antes considerábamos valioso para obtener algo aún más maravilloso.

Una perla de gran precio.

3

El sembrador

> Les habló muchas cosas en parábolas: «Salió el sembrador a sembrar. Al sembrar, una parte cayó al borde del camino; vinieron los pájaros y se la comieron. Otra parte cayó en terreno pedregoso, donde apenas tenía tierra, y como la tierra no era profunda brotó enseguida; pero en cuanto salió el sol, se abrasó y por falta de raíz se secó. Otra cayó entre abrojos, que crecieron y la ahogaron. Otra cayó en tierra buena y dio fruto: una, ciento; otra, sesenta; otra, treinta. El que tenga oídos, que oiga». (Evangelio de san Mateo 13, 3-9)

No todas las parábolas contienen una explicación de su significado, pero la parábola del sembrador sí. Jesús nos dice que esta parábola se refiere a la respuesta a la palabra de Dios. El sembrador es un predicador, y las semillas son la verdad.[16] Aquí, como tantas veces en la Escritura, el reino de los cielos se compara con una cosecha.[17]

Se trata de una lección sobre la receptividad, comunicada a través de la metáfora de la tierra; es una lección sobre las diver-

16. Scott, Bernard Brandon, *op. cit.*
17. Jeremias, Joachim, *op. cit.*

sas reacciones de las personas, algunas de las cuales están bien dispuestas para el reino de los cielos y otras no. Por supuesto, la tierra no puede hacerse receptiva a la semilla. Pero la tierra representa aquí a las personas. Algunos aceptan la palabra, pero no se apropian de ella, por lo que su fe se marchita. Para otros, la palabra es aceptada, pero sólo superficialmente, y cuando surgen dificultades la palabra es desechada o traicionada. Hay diversos grados de comprensión y tenacidad, pero sólo en un caso de esta parábola la fe produce un crecimiento espectacular, y es cuando se le permite penetrar profundamente.

Para apreciar el significado de la parábola es necesario comprender la metáfora agrícola, una comprensión que habría sido mucho más amplia en una época en la que una gran mayoría de la población obtenía su sustento para vivir directamente de las labores agrícolas. La historia aborda muchas cuestiones. Podemos preguntarnos si la naturaleza es nuestra amiga o nuestra enemiga. ¿Hasta qué punto debemos comprometer nuestras mentes para que surja la productividad, para cultivar la tierra (o a nosotros mismos) de modo que seamos más receptivos? Podríamos incluso tener que plantearnos una pregunta tan frecuente hoy en día sobre el abuso de la tierra, sobre el abuso o la negligencia que hacen que la tierra sea menos receptiva y productiva.

Como todo agricultor sabe, una semilla no puede prosperar en cualquier condición. Pueden comérsela los pájaros, ahogarla las malas hierbas, no encontrar suelo en el que crecer o quemarla el sol. Pueden influir factores tanto internos como externos. ¿Qué es un buen suelo? Ésta es la cuestión fundamental, sobre la que la economía puede arrojar algo de luz. Un buen suelo, es decir, uno productivo que da fruto, es un suelo cultivado. En este cultivo se pone esfuerzo, y para que sea productivo este esfuerzo requiere un conocimiento de las necesidades nutricionales de cada cultivo específico. Ciertamente, en las regiones del mundo en las que se escucharon por primera vez estas parábolas, la mayor parte de la tierra no era buena en su estado natural. El suelo era demasiado árido, demasiado seco por naturaleza. Para que esta tierra fuera apta para el crecimiento, había que labrarla y prepararla bien. Había que quitar las piedras y arrancar las espinas. Había que regenerar la tierra regándola y proteger los cultivos de las malas hierbas y de las plagas de insectos y animales.

La preparación de la tierra requería manos dirigidas por la inteligencia humana. Se necesitaba habilidad, estudio, experiencia y una buena gestión. Lo que está en juego aquí no es sólo la legitimidad y la dignidad del trabajo humano, sino también su necesidad. Al contrario de lo que opinan algunos contemporáneos, es la propia manipulación —en el verdadero sentido de la palabra, es decir, «modelar con las manos»— del entorno natural lo que hace que una parcela que de otro modo sería estéril dé fruto. Hay que trabajar la tierra. Una moda moderna, de hecho, es un prejuicio, nos haría pensar que un medio ambiente prístino, no tocado por la humanidad, sería de algún modo algo moralmente superior.

Y, sin embargo, lo que impide a la gente cultivar la naturaleza acaba a menudo por hacerla improductiva. ¿Y con qué fin? Si la tierra sólo se valora por su belleza y para contemplarla, los impedimentos para cultivarla son bastante comprensibles, aunque incluso en estos contextos se requerirá algún tipo de mantenimiento y cuidado. Pero cuando se imponen limitaciones al cultivo humano por la idea errónea de que la tierra sin cultivar es moralmente preferible a la tierra trabajada o cultivada, surgen los problemas. No siempre la selva es preferible al jardín.

Para quienes profesan una especie de religión ecologista, la parábola de Jesús resultará incomprensible. Un sembrador sólo puede preparar la tierra si es su legítimo propietario o si está contratado por éste para realizar el trabajo. Esto asegura que la tierra y su creciente valor estarán protegidos de invasiones, saqueos o expropiaciones.

Que quede claro: no estoy afirmando que la intención de la parábola sea dar un seminario sobre la legitimidad de la propiedad privada. Ni siquiera la prohibición de robar del octavo mandamiento tiene ese propósito, aunque presupone dicha propiedad. La economía no es el objetivo ni de los mandamientos ni de las parábolas. La propiedad privada simplemente se presupone como parte de la estructura de la historia y, de hecho, como una

Ilustraciones del Nuevo Testamento, *El sembrador*, Johann Eck, Museo Británico.

exigencia de la naturaleza humana en su realidad temporal. Pero, puesto que ésta y otras historias similares no tendrían mucho sentido sin postular la propiedad privada, creo que es un ejercicio útil examinarlo. Ese esfuerzo mejorará nuestra apreciación del drama de las parábolas. En mi opinión, es sorprendente que una institución tan esencial haya sido objeto de graves ataques y de tanto escepticismo a lo largo de los siglos, sobre todo en nombre de la religión. Incluso la metáfora de un jardín, algo que normalmente es posible gracias a la propiedad privada, plantea la cuestión del florecimiento o, como se denomina en el campo de la economía, del beneficio. La falta de propiedad suele desembocar en el caos (la jungla sustituye al jardín) cuando la gente ya no es capaz de dar valor a la tierra. La propiedad pública es menos productiva en la medida en que disuade a cualquiera de responsabilizarse de la tierra. La propiedad colectiva forzada (y para el caso, incluso la propiedad colectiva voluntaria) puede promover una cultura de «parasitismo». Como nadie es responsable del mantenimiento, todo el mundo deja en manos de otro la realización de las tareas. Pensemos en el estado típico en el que se encuentra un baño público. Esto se ha llamado «la tragedia de los comunes».

Santo Tomás de Aquino nos ofrece una excelente explicación de este punto:

> Acerca de los bienes exteriores, dos cosas le competen al hombre. La primera es la potestad de gestión y disposición de ellos, y en cuanto a esto, es lícito que el hombre posea cosas propias. Y es también necesario a la vida humana por tres motivos: primero, porque cada uno es más solícito en gestionar aquello que con exclusividad le pertenece que lo que es común a todos o a muchos, puesto que cada cual, huyendo del trabajo, deja a otros el cuidado de lo que conviene al bien común, como sucede cuando hay multitud de servidores; segundo, porque se administran más ordenadamente las cosas humanas si a cada uno le incumbe el cuidado de sus propios intereses; sin embargo, reinaría confusión si cada cual se cuidara de todo indistintamente; tercero, porque así

> el estado de paz entre los hombres se mantiene si cada uno está contento con lo suyo.[18]

Para cosechar los beneficios de lo plantado, la propiedad necesita a alguien que se responsabilice de ella. Esta persona tiene que controlar el entorno de la manera más favorable para la productividad y la eventual cosecha. Puede tratarse del propietario o de alguien contratado y encargado de actuar en interés del propietario, que incluso podría cuidar la tierra con mayor conocimiento y precisión.

La parábola nos enseña mucho sobre la recepción de la semilla en la tierra: En las condiciones adecuadas —cuando la semilla se invierte en el entorno adecuado preparado por la mano del hombre, es decir, cultivado— puede devolver entre treinta y cien veces más de lo que se sembró. Una sola semilla no sólo puede convertirse en una cosecha, sino que puede proporcionar la base para un mayor crecimiento y prosperidad.

Esta imagen es claramente una alegoría de la evangelización, el aumento de la fe y la oferta universal de redención. La relación con Dios se ofrece sin límites a todo aquel que la abrace porque a Dios nunca se le acaba el amor. El concepto de beneficio, la ganancia de la actividad económica que resulta de los recursos bien utilizados, ilumina el mensaje soteriológico, acercándolo a nosotros y haciéndolo más comprensible para las personas del mundo cotidiano. ¿En qué se parece el beneficio a la evangelización? Ambas implican ser fructífero en el cumplimiento de lo que uno se ha propuesto.

Piensa por un momento en lo que significa obtener un beneficio. Significa obtener una ganancia, en lugar de una pérdida, en una actividad económica. Los beneficios se consideran a menudo moralmente sospechosos, a veces por las mismas razones por las que se considera sospechosa la evangelización, en la medida en que puede resultar explotadora por su supuesto desprecio de la dignidad humana. Pero, en sentido estricto, beneficiarse sólo significa evitar tener pérdidas. En el comercio, es valioso descu-

18. Aquino, Tomás de, *Suma de teología*, RBA, 1975.

brir pruebas tangibles de que las actividades de uno han supuesto una ganancia para todos, al aportar un beneficio con respecto a una circunstancia anterior. Obtener beneficios es producir una cosecha que vale más que el esfuerzo que costó sembrarla. En pocas palabras, el beneficio es «una indicación de que un negocio funciona bien».[19]

En cualquier intercambio económico, hay que valorar dos cosas diferentes. La primera es el valor subjetivo para el consumidor: lo que considera deseable, útil o necesario. Éste es el nivel de utilidad, una verdad económica importante e innegable. Esto es paralelo a la dinámica que entra en juego cuando se propone el mensaje de Cristo a alguien que luego ve que sus necesidades se satisfacen con la aceptación de dicho mensaje.

Esta segunda realidad entra en juego simultáneamente con la primera. El que comercia es una persona, y aunque la verdad económica sobre las condiciones humanas es cierta, no es toda la verdad. Hay que tener en cuenta algo más, algo que abarca una comprensión más completa del ser humano. Repito: la dimensión subjetiva es cierta y útil para el cálculo, pero no es toda la verdad sobre la persona.

Existe un beneficio psicológico asociado a toda acción económica. Las personas comercian entre sí con la expectativa de que les irá mejor que antes de comprometerse. Si no, ¿para qué comerciar? Lo mismo ocurre con la inversión, de la que el cultivo de un campo podría considerarse un ejemplo. Todos queremos respaldar los esfuerzos que tienen éxito, y la rentabilidad es un indicio de ello. Lo mismo ocurre con la economía de mercado que con el cultivo de un campo. Del mismo modo, los esfuerzos de evangelización contienen la esperanza de rentabilidad espiritual, como vemos en la metáfora de Jesús: «Entonces dice a sus discípulos: "La mies es abundante, pero los trabajadores son pocos; rogad, pues, al Señor de la mies que mande trabajadores a su mies"» (Evangelio de san Mateo 9, 37-38). Esta dinámica creativa, cuando se cultiva hasta convertirse en un hábito, puede fomentar una tendencia a recompensar o afirmar las decisiones

19. Juan Pablo II, *op. cit.*

que son coherentes con el uso prudente de los recursos y el cumplimiento de los objetivos fijados. En la medida en que los seres humanos dependen de la abundancia para vivir mejor, una dinámica de este tipo puede contribuir a propiciar esa abundancia.

En una economía de mercado (a diferencia de, por ejemplo, una cleptocracia), la única forma de obtener grandes beneficios es que un vendedor ofrezca productos o servicios que el público desee adquirir, a precios que le resulten atractivos. Esto no significa que los productos que elija el público sean siempre los mejores, ni que el libre mercado fomente por sí mismo la virtud. El intercambio en el mercado depende del valor subjetivo que un consumidor atribuye a un producto, no de los valores objetivos que es mejor denominar virtudes. La tarea crítica de formar el carácter y la conciencia recae principalmente en los padres en el hogar, en los directores y guías espirituales y en otras muchas autoridades, no en las instituciones económicas como tales.

Los mercados libres pueden permitir a las personas obtener los bienes y servicios que desean, tanto si sus deseos son de bienes reales como ilusorios. Otras instituciones son necesarias para canalizar sus deseos hacia lo que es verdaderamente bueno, proporcionándoles la habituación moral a la virtud. La creencia errónea de que el mercado basta para resolver todos los problemas de la humanidad es el «dogma neoliberal» que lo pondría todo en venta.[20]

Hay que tener en cuenta que lo que se refleja en el plano de la economía son sólo valores subjetivos, no virtudes. Los empresarios obtienen beneficios en la medida en que sirven al público, en el sentido de satisfacer los deseos subjetivos de cada consumidor, sea éste virtuoso o vicioso. Pero cuando los gustos subjetivos de la gente son elevados, la satisfacción de sus deseos puede ayudar a formar una cultura más ampliamente virtuosa en entornos

20. Francisco, papa, *Fratelli Tutti* (carta encíclica), Ciudad del Vaticano. <http://www.vatican.va/content/francesco/en /encyclicals/documents/papa-francesco_20201003_enciclica-fratelli-tutti.html>; Kuttner, Robert, *Everything for sale: The virtues and limits of markets*, University of Chicago Press, Estados Unidos, 1999.

donde la empresa prospera y los productos que desea se producen en abundancia.

Aparte de los artistas, los empresarios son los ejemplos más evidentes de personas que utilizan el talento creativo que les ha confiado el Creador para el auténtico bien de los demás. En una economía de mercado, los demás también pueden ejercer la virtud de la empresa y la creatividad de numerosas maneras. Los trabajadores pueden descubrir mejores formas de realizar las tareas, y los propietarios y empresarios harán bien en estar abiertos a sus sugerencias, siempre atentos a alternativas mejores. La flexibilidad para poder cambiar de trabajo y buscar nuevas oportunidades más adecuadas proporciona una garantía institucional de que quienes tengan nuevas ideas y talentos puedan descubrir las mejores formas y circunstancias para ponerlos a disposición de los demás, contribuyendo al bienestar general de la sociedad.

En cierto sentido, todos somos sembradores de semillas y labradores de la tierra. En la medida en que vivimos nuestras respectivas vocaciones con diligencia, podemos esperar ver resultados positivos, lo que podríamos llamar «productividad». La parábola del sembrador no habla de los «límites» del crecimiento, sino del «potencial» de crecimiento. El mundo de las parábolas no es un mundo de escasez, sino un mundo en el que existe la promesa de abundancia si se dan las condiciones adecuadas.

Casi todo el mundo dice estar a favor del crecimiento económico y la prosperidad. Pero se presta muy poca atención a las condiciones que hacen posible la prosperidad de forma real y concreta. No todos los entornos institucionales favorecen por igual el crecimiento económico. Las economías no pueden crecer si están ahogadas por las espinas de las regulaciones y los impuestos confiscatorios. No pueden crecer si el entorno en el que están situadas no contiene los elementos adecuados que protejan, fomenten y sostengan la productividad. Las rocas de esta parábola pueden verse como una metáfora de una economía totalmente controlada, con una colección estática e inamovible de obstáculos que permiten pocas posibilidades de desarrollo, productividad o creatividad, impidiendo así el crecimiento. Cualquier intento de ingenio muere inmediatamente porque no hay suelo en el que se le permita crecer, no hay espacio para que florezca.

La conciencia económica nos permite ver cómo esta parábola refuerza la legitimidad práctica y moral de la propiedad privada, los logros humanos y el crecimiento económico. Al fin y al cabo, todos sembramos en este mundo semillas que esperamos que produzcan en abundancia. Cada acción que emprendemos, aunque sea errónea, se lleva a cabo con la esperanza de mejorar una situación o condición, de reducir de algún modo el malestar. La tierra debe ser receptiva para lograr este propósito. La lección central de la parábola del sembrador se refiere a la receptividad del corazón humano a la oferta de gracia, la voluntad de escuchar, aprender y recibir. El deseo de abrazar la verdad cuando la encontramos es el reto, y es vital saber qué es lo que habilita o inhabilita esa capacidad.

4

Los trabajadores de la viña

Pues el reino de los cielos se parece a un propietario que al amanecer salió a contratar jornaleros para su viña. Después de ajustarse con ellos en un denario por jornada, los mandó a la viña. Salió otra vez a media mañana, vio a otros que estaban en la plaza sin trabajo y les dijo: «Id también vosotros a mi viña y os pagaré lo debido». Ellos fueron. Salió de nuevo hacia mediodía y a media tarde, e hizo lo mismo. Salió al caer la tarde y encontró a otros, parados, y les dijo: «¿Cómo es que estáis aquí el día entero sin trabajar?». Le respondieron: «Nadie nos ha contratado». Él les dijo: «Id también vosotros a mi viña». Cuando oscureció, el dueño dijo al capataz: «Llama a los jornaleros y págales el jornal, empezando por los últimos y acabando por los primeros». Vinieron los del atardecer y recibieron un denario cada uno. Cuando llegaron los primeros, pensaban que recibirían más, pero ellos también recibieron un denario cada uno. Al recibirlo se pusieron a protestar contra el amo: «Estos últimos han trabajado sólo una hora y los has tratado igual que a nosotros, que hemos aguantado el peso del día y el bochorno». Él replicó a uno de ellos: «Amigo, no te hago ninguna injusticia. ¿No nos ajustamos en un denario? Toma lo tuyo y vete. Quiero darle a éste último igual que a ti. ¿Es que no tengo libertad para hacer lo que quiera en mis asuntos? ¿O vas a tener tú envidia porque yo soy bueno?». Así, los últimos serán primeros y los primeros, últimos. (Evangelio de san Mateo 20, 1-16)

Al leer esta enseñanza, uno se maravilla ante la fuerza perdurable de las parábolas. Después de dos mil años, el drama sigue siendo intenso. Seguimos cautivados por la historia y nos identificamos con los personajes. Los temas de la parábola de los obreros de la viña siguen apelándonos hoy de forma directa. (Podemos sentir el estrés de tener una cosecha lista para recoger y necesitar trabajadores para recogerla, por ejemplo, y todos nos enfrentamos a plazos de un tipo u otro.) Esto da fuerza a la historia. Esta parábola ilumina la elección humana de aceptar la gracia de Dios, con las recompensas que conlleva. También arroja luz sobre cuestiones relacionadas con la justicia y la equidad de los salarios en un mercado y muestra cómo el carácter y la recompensa del trabajo no se separan fácilmente. La parábola revela algo sobre el vicio de la envidia, así como sobre la virtud de la generosidad.

Esta parábola contiene una dura verdad: los trabajadores son remunerados de mutuo acuerdo. En el ámbito de la consideración moral, puede que ésta no sea la última palabra, pero es el principio. La forma en que se desarrolla la historia evoca una simpatía por los obreros que trabajaron todo el día y no recibieron más que los obreros que llegaron a última hora. Pero al reflexionar más profundamente, nos preguntamos si nuestra simpatía por los obreros que trabajaron todo el día tiene su origen en una especie de resentimiento contra la generosidad. Al fin y al cabo, aquí no se defrauda a nadie. Sorprendidos —sí, incluso decepcionados—, pero no defraudados ni tratados injustamente. El viñador tiene razón al afirmar que los elevados salarios que paga a los últimos trabajadores son una forma de caridad.

Se pueden extraer innumerables enseñanzas espirituales y materiales de los detalles de esta estimulante historia.

En ella, un terrateniente necesitaba trabajadores en su viña y les ofreció pagarles un salario determinado, un denario, que, según los mejores estudiosos, era un salario de subsistencia y nada más.[21]

21. Scott, Bernard Brandon, *op. cit.*, p. 291; Chafuen, Alejandro cita al pensador economista de la escolástica tardía, Juan de Molina en un tema

Aunque no se obligaba a nadie a trabajar y cada uno acudía por su propia voluntad, en este caso habría, sin embargo, mucho espacio para la caridad. Un número suficiente de obreros se presentó para comenzar la jornada laboral, pero a media mañana el propietario de la viña se dio cuenta de que no había suficientes trabajadores para completar el trabajo. Esto planteó la catástrofe potencial de que una parte sustancial de la cosecha se perdiera debido a la escasez de trabajadores.

Observando la escasez de mano de obra y siendo un emprendedor, el dueño de la viña fue a la ciudad y observó que varios hombres sanos estaban sentados sin hacer nada. Les preguntó por qué estaban ociosos y le contestaron que nadie les había ofrecido trabajo. Los contrató, pero les dijo que el sueldo dependería de lo bien que lo hicieran. Aceptaron. Durante todo el día hizo lo mismo, reuniendo trabajadores en cualquier sitio. Al final, tenía suficientes para terminar el trabajo.

Estaba exultante por haber completado la tarea, y podemos imaginar que se sentía especialmente generoso cuando el sol empezaba a ponerse. Su generosidad se puso de manifiesto a la hora de pagar. Pagó a los últimos hombres que llegaron a la viña su salario, que resultó ser la misma cantidad que había prometido a los primeros. Debían de estar muy contentos. Hizo lo mismo con todos los demás, pagando a cada uno una jornada completa de trabajo. Luego llegó a los primeros contratados y resultó que, a estas alturas, ya esperaban que les pagasen más. Pero, para su sorpresa, recibieron exactamente lo que se les había prometido, y no más que los que habían trabajado poco tiempo. El orden de pago es intencionado.

---

relacionado en *Faith and liberty*, Lexington Books, p. 106, Estados Unidos, 2003. «Después de considerar el servicio que realiza un individuo y el número grande o pequeño de personas que, al mismo tiempo, se encuentran en un servicio similar, si el salario que se le fija es como mínimo el salario más bajo que se fija habitualmente en esa región en ese momento para las personas que realizan ese servicio, el salario debe considerarse justo.»

Parábola de los trabajadores de la viña, Jan Luyken,
Museo Nacional de Ámsterdam.

Hicieron lo que haría cualquiera en un mercado: quejarse al propio terrateniente. Y el terrateniente respondió con tres puntos muy destacados, uno relacionado con los contratos, el segundo centrado en la legalidad y el tercero relacionado con la moralidad.

En primer lugar, señaló que no se trataba de una cuestión de justicia, sino de perspectiva subjetiva, ya que había cumplido los términos del contrato especificado. Ésa es la definición de *justicia*: dar a cada uno lo suyo. Los trabajadores tuvieron la oportunidad de aceptar o rechazar el contrato desde el principio, y aceptaron. Por lo tanto, como bien señaló el propietario, su queja no se refería a su propio sueldo, sino al de los demás. A continuación, abordó la cuestión de si tenía derecho a pagar a los demás lo que quisiera pagarles. La respuesta es afirmativa, ya que, como él dijo claramente, tenía derecho a hacer lo que quisiera con su propio dinero: «¿No me es lícito hacer lo que quiera con lo mío?». Si se piensa en esto, no es más que una apelación al sentido común, y debió de resultar frustrante para aquellos primeros trabajadores.

Por último, y de forma más penetrante, se centró en el caso moral. Al pagar a los que vinieron después el mismo salario por menos trabajo, en realidad estaba realizando un acto de generosidad. Puede que lo hiciera para animarlos a volver a trabajar para él más adelante. O puede que lo hiciera por pura caridad, porque creía que necesitaban el dinero. Tal vez fuera simplemente su reacción ante la abundante cosecha. En cualquier caso, aunque no estemos dispuestos a celebrar la buena suerte de los demás, no tenemos derecho a condenarla ni a envidiarla. En efecto, el terrateniente moralmente astuto les pregunta si tienen envidia de su generosidad cuando dice: «¿Es malo tu ojo porque yo soy bueno?». A continuación, se desentiende de todos.

Esta parábola nos enseña algo de la gratuidad de Dios en el trato que dispensa a los que acuden a él en el último momento. Me viene a la mente el buen ladrón en la cruz. La salvación se ofrece a todos, sin distinción de tribu o clase o cualquier otra consideración, tanto si viven santamente como si se arrepienten sólo unos minutos antes de morir. Ésta es la esencia de la gracia: no se gana; no se puede exigir como un derecho. Al contrario, es un don. Así como al final del día todos los trabajadores disponibles tuvieron la oportunidad de acudir a la viña, así también todos están invitados al reino de Dios. Es una invitación que hay que aceptar, como se acepta la gracia. El «pago» por aceptar la gracia es la salvación. Todos los que vienen reciben. Pero también podemos discernir la importancia económica práctica de la historia. En primer lugar, aprendemos que en una economía con propiedad y salarios no hay realmente igual salario por igual trabajo, o mejor dicho, no tiene por qué haberlo. Lo que hay es una remuneración por un trabajo contratado. Todo lo que no sea esto es discrecional. Ciertas exigencias morales pueden requerir pagar más. La prudencia es ciertamente necesaria. Y la decencia puede exigir una cierta realización de los resultados salariales no de mercado. Como siempre, pueden aplicarse ciertas normas o costumbres culturales. Es bueno que cada trabajador sea libre de hacer un contrato con las condiciones de empleo que considere apropiadas para él, y que cada empresario sea libre de hacer cualquier oferta que considere sostenible para su negocio. Después, la obligación legal tanto del trabajador como del empresario es ser fieles a los términos del contrato. El trabajador puede elegir trabajar más horas, del mismo modo que el empresario puede optar por pagar salarios adicionales a los que llegan tarde. Pero los seres humanos son más que contratistas y contratados. Sin embargo, sin este primer paso, que revela cuáles son los costes reales, toda la empresa se tambalea. Ésta es la esencia de la economía. No nos sirve de nada ocultar esta realidad, aunque decidamos complementarla con consideraciones adicionales.

Las recompensas en una economía de mercado no se distribuyen como las imaginaba Karl Marx. Los precios y los salarios no vienen determinados por la cantidad de sudor y músculo invertidos, sino por el valor subjetivo del producto final. Dicho de otro modo, es el valor para los que van (o no van) a comprar el producto lo que determina el valor o el precio de ese producto. Los economistas dirían que este valor se «imputa» a todos los factores de producción.[22]

Por ejemplo, los trabajadores que fabrican ordenadores anticuados no pueden esperar la misma remuneración que los que fabrican la próxima generación. ¿Por qué? Porque el valor monetario del trabajo está relacionado con el valor de mercado de lo que ese trabajo produce, es decir, con el valor subjetivo del producto para quien lo compra. Y la mayoría de la gente no va a comprar ordenadores anticuados. El valor monetario del trabajo no es una cantidad arbitraria o caprichosa fijada por el propietario o el productor, sino el precio fijado por el consumidor.

Esto no se debe a que un grupo trabaje más que el otro, o esté formado por personas que son mejores de alguna manera. Es porque son más capaces de satisfacer las necesidades de la gente, determinadas por esa misma gente y por el valor que atribuyen a un producto frente a otro. Ese valor se refleja en el salario que reciben. El terrateniente de la parábola de Jesús estaba encanta-

22. Wieser, Friedrich von, «Return Value», en Smart, William (ed.), *Natural Value*, Macmillan, Reino Unido, 1893, libro III, parte 1, cap. 1. <https://oll-resources.s3.us-east-2.amazonaws.com/oll3/store/titles/1685/Wieser_1282_EBk_v6.0.pdf>.

do de que su viña hubiera sido vendimiada por completo. Se puede imaginar que fue una cosecha abundante, gracias a las acciones perspicaces y decididas del terrateniente. Feliz por ello, distribuyó el pago de manera generosa. Es el resultado final —un trabajo bien hecho— lo que determina el salario. Se parece mucho al propio mercado, que incluso puede ser «generoso» con personas a las que la mayoría de nosotros no consideraríamos merecedoras de ello.

En virtud de la limitada realidad material en la que viven, los seres humanos dependen de las actividades del mercado para garantizar su supervivencia. Sin embargo, como son algo más que entidades materiales, también hay algo que se debe a los seres humanos como personas, algo que excede la lógica del mercado.

La persona en mejor posición para determinar cuál es el nivel de subsistencia es el propio trabajador. Una regulación demasiado rápida —ya sea en el mercado laboral o en el control del precio de los bienes— crea una distorsión, que hace imposible saber cuáles son los costes reales, cuál es un precio o un salario sostenible.

El problema de los salarios inferiores a la media es real. Pero este problema real no se remedia ignorando la información que proporciona el libre intercambio o fingiendo que no existe. Aunque nuestra intención sería velar por el bienestar de las personas, la falta de información sólo obstaculizará las perspectivas de mejora humana que proporciona la prosperidad.

Cuando las empresas promueven una legislación que perjudicará a sus competidores, muestran la misma disposición de los primeros obreros que trabajaron más tiempo. Están convencidos de que deben ser recompensados por su trabajo al menos tan bien como los demás. Pero en la realidad —en la vida real y en los mercados reales, donde la rivalidad y los gustos de los consumidores pueden tomar caminos impredecibles debido a la subjetividad humana— vemos que nadie tiene derecho a un beneficio. Emprender significa asumir riesgos y estar dispuesto a sufrir una pérdida cuando el mejor juicio de uno resulta ser menos rentable de lo que uno esperaba.

Como explica Jennifer Roback Morse, los esfuerzos por corregir la aparente injusticia del mercado en realidad recompensan la envidia y la hacen rentable. Tomando prestado el lenguaje de la teología moral, dice que las estructuras reguladoras y muchas otras formas de intervención política proporcionan en realidad una «ocasión de pecado».[23] Esa frase está tomada del acto de contrición, una oración de pena y arrepentimiento, y se refiere a una situación o un entorno que, aunque en sí mismo no es pecaminoso, sin embargo, nos pone en proximidad o en una trayectoria hacia el pecado.

No es aconsejable que los alcohólicos en vías de recuperación frecuenten los bares, donde sólo se está proporcionando una tentación innecesaria contra su sobriedad. Existe aquí un paralelismo con la regulación económica aplicada arbitrariamente: este tipo de regulación da a los competidores empresariales algo que utilizar en lugar de la dificultad de competir en el mercado con otras empresas. Coloca a toda una economía en una senda deletérea y reguladora que la acerca al «pecado» de las dislocaciones económicas y el empobrecimiento.

El propio comercio puede reforzar, y de hecho a menudo lo hace, una amplia gama de virtudes tradicionales y prácticas. Unas líneas de propiedad limpias y claras, unos límites discernibles de los derechos de propiedad, el cumplimiento de los contratos: todas estas cosas desalientan el robo y fomentan el intercambio pacífico, la cooperación y la solidaridad humana. Los mercados de capitales dinámicos fomentan la creatividad y la planificación a largo plazo, mientras que el sistema de pérdidas y ganancias desalienta el despilfarro y fomenta el uso prudente de los recursos. Incluso la existencia de tipos de interés desalienta el consumo desenfrenado y recompensa la gratificación diferida. Si a todo esto añadimos instituciones como los informes de crédito y otras formas de seguimiento de la reputación que fomentan el cumplimiento de las obligaciones y las promesas, po-

23. Morse, Jennifer Roback, «The modern state as an occasion of sin», *Heartland Policy Study*, 71, 1 de febrero de 1996, <http://heartland.org/policy-documents/no-71-modern-state-occasion-sin>.

demos ver el potencial de una cultura de la moralidad para surgir del libre mercado de forma natural, sin manipulación.

Al fin y al cabo, para ser generoso en la práctica —la virtud de la que tan abundantemente hace gala el terrateniente de esta parábola— primero es necesario tener una cosecha abundante, crear riqueza superflua, algo que sólo es posible en una cultura que impida que la envidia y los celos se institucionalicen y oscurezcan la información que el libre intercambio pone a nuestra disposición. La creación de riqueza requiere una sociedad que recompense la productividad en lugar de penalizarla.

5

El rico insensato

> Entonces le dijo uno de la multitud: «Maestro, dile a mi hermano que reparta conmigo la herencia«. Él le dijo: «Hombre, ¿quién me ha constituido juez o árbitro entre vosotros?». Y les dijo: «Mirad: guardaos de toda clase de codicia. Pues, aunque uno ande sobrado, su vida no depende de sus bienes». Y les propuso una parábola: «Las tierras de un hombre rico produjeron una gran cosecha. Y empezó a echar cálculos, diciéndose: "¿Qué haré? No tengo donde almacenar la cosecha". Y se dijo: "Haré lo siguiente: derribaré los graneros y construiré otros más grandes, y almacenaré allí todo el trigo y mis bienes. Y entonces me diré a mí mismo: 'alma mía, tienes bienes almacenados para muchos años; descansa, come, bebe, banquetea alegremente'"». Pero Dios le dijo: «Necio, esta noche te van a reclamar el alma, y ¿de quién será lo que has preparado?». (Evangelio de san Lucas 12, 13-21)

La parábola del rico insensato viene después de lo que inicialmente podría parecernos una petición extraña. Se pide a Jesús que resuelva un conflicto familiar personal. El hermano menor está molesto porque su hermano mayor no comparte la herencia con él. La respuesta de Jesús es inesperada. En lugar de tender la mano de la compasión y resolver la discordia familiar, Jesús reprende al hermano menor por su verdadera motivación, en un lenguaje llamativo. Le dice al hermano menor que no le corresponde actuar como árbitro en una disputa legal. No está ahí para determinar la correcta distribución de los bienes. Ve en la petición del hermano menor un pecado oculto: avaricia, codicia o tacañería: «Y él le dijo: Hombre, ¿quién me ha puesto a mí por juez o repartidor sobre vosotros? Y les dijo: Mirad y guardaos de la avaricia; porque la vida del hombre no consiste en la abundancia de los bienes que posee».

Parece probable que el joven que se le acercó con la petición se sintiera sorprendido por el comentario de Jesús, y cabe imaginar cómo debió de sorprender también a la multitud. Es habitual que cuando alguien se acerca a otro con deferencia —como hizo el hermano menor, reconociendo la sabiduría y autoridad de Jesús para resolver el asunto—, la persona abordada se sienta halagada. Pero Jesús no lo estaba.

Según la ley judía, el primer hijo varón hereda el doble que su

La parábola del rico insensato, Ambrosius Francken, Biblioteca Real de Bélgica.

hermano menor.[24] Si hay otros hermanos, el dinero se divide aún más, pero el mayor sigue recibiendo el doble que los demás, cada uno de los cuales recibe la misma cantidad. Las matemáticas ya son bastante complicadas cuando hablamos de dinero en efectivo. Pero ¡imagínate los problemas que surgen con las transferencias de bienes en especie! En otras palabras, la situación es propicia para los litigios y la acritud.

Cualquiera que se haya visto envuelto en una disputa por una herencia sabe muy bien que se trata de uno de los conflictos más feos. En mi trabajo pastoral me he encontrado con familiares que preferían simplemente alejarse y dejar que sus hermanos y otros tuvieran lo que querían, por considerarlo preferible a una guerra familiar total. Es posible que Jesús esté sugiriendo que éste sería un camino mejor que desencadenar odios familiares muy arraigados y duraderos, que a menudo no tienen nada que

La parábola del rico insensato, grabado de Adriaen Collaert según Hans Bol, Galería Nacional de Arte.

24. Deuteronomio 21, 17.

ver con la herencia en cuestión, sino con profundos, complejos y no resueltos conflictos entre hermanos.

No es raro que los comentaristas de esta parábola tomen partido. ¿Es codicioso el hermano menor o es egoísta el hermano mayor? Ojalá fuera tan sencillo. He descubierto que, a menudo, hay mucha culpabilidad para todos. Por supuesto, ambas partes afirman tener la postura más razonable y justa. Y ambas se vuelven implacables. Este tipo de disputas suelen crear conflictos irresolubles que pueden dejar la división como triste y perdurable herencia para una familia.

Esta dinámica tampoco se aplica únicamente a los asuntos familiares. Sociedades y naciones enteras, movidas por motivaciones similares, pueden encontrarse en disputas igualmente insolubles. ¿A quién debe pertenecer la riqueza? ¿Cómo debe dividirse o repartirse? ¿Quién debe beneficiarse a costa de quién? ¿Por qué? Si existe injusticia, ¿cuál debe ser la solución? Como en el caso de los dos hermanos que se pelean, estos conflictos no tienen fin una vez que han comenzado. Las personas se vuelven unas contra otras, divididas en función de la clase social o económica, la raza, el sexo o la religión. Karl Marx lo entendió lo suficientemente bien como para construir una filosofía revolucionaria a partir de ello.

¿Con qué frecuencia se pide al cristianismo que intervenga para lograr una distribución más justa de los bienes del mundo? Ese mensaje es habitual en los púlpitos de todo el mundo. Se dice habitualmente que el papel del cristianismo es quitar a los ricos para dar a los pobres, expropiar a los propietarios en favor de los que no tienen, quitar a los que tienen para dar a los que no tienen (en una especie de teología económica a lo Robin Hood). Escritores contemporáneos como Elizabeth Bruenig y Mathew Schmalz sostienen que las advertencias contra hacer de la propiedad o del beneficio un ídolo denotan un sesgo izquierdista en las Escrituras, y al menos un escritor sostiene explícitamente que Jesús era socialista.[25]

25. Bruenig, Elizabeth, «How Augustine's confessions and left politics inspired my conversion to catholicism», *America Magazine*, 25 de julio del 2017,

No importa que argumentos como éstos sean en gran medida intentos ahistóricos, anacrónicos, de releer exegéticamente en las Escrituras ideologías y sistemas económicos que se desarrollaron mucho más tarde en la historia de las ideas. Espero que quede claro que en este libro he hecho un esfuerzo consciente por evitar cualquier tentación exegética de este tipo que se pueda hacer desde el punto de vista opuesto.

Aquí, Jesús se enfrenta a un problema para el que podría haber abogado precisamente por este tipo de resolución redistribucionista. Pero se niega. En lugar de eso, nos da la clave para entender su mensaje elevando nuestra visión a un nivel superior y pronuncia una breve homilía sobre los vicios de la envidia, el materialismo y la avaricia, tanto en aquellos que exigen como en quienes se niegan a dar. Rara vez oímos a alguien señalar que las exigencias de los que no tienen nada están motivadas por la avaricia y, sin embargo, tanto los pobres como los ricos pueden estar inspirados por malos motivos. De hecho, sería comprensible —aunque no justificable— que quienes carecen de recursos, precisamente a causa de sus grandes necesidades, sientan la tentación de emplear medios ilegítimos para adquirir riqueza.

Hay otro factor práctico en juego. La redistribución de la riqueza puede suponer una enorme pérdida de tiempo y recursos. No crea riqueza. Sólo traslada la riqueza que ya se ha creado y tiene sus propios costes de ejecución. En lugar de aumentar el pastel, simplemente lo trocea, reduciendo la parte de unos y aumentando la de otros. Hay ocasiones en que es una buena idea hacer esto, especialmente en el seno de las familias. Pero si la redistribución es orquestada por funcionarios alejados del contexto concreto, o motivada por la avaricia, o la codicia, o la envi-

---

<https://www.americamagazine.org/faith/2017/07/25/how-augustines-confessions-and-left-politics-inspired-my-conversion-catholicism>; Schmalz, Matthew, «Taxing the rich to help the poor? Here's what the Bible says», *The Conversation*, 10 de diciembre del 2017, <https://theconversation.com/taxing-the-rich-to-help-the-poor-heres-what-the-bible-says-88627>; Dreier, Peter, «Jesus was a socialist», *The Huffington Post*, 26 de diciembre del 2017, <https://www.huffpost.com/entry/jesus-was -a-socialist_b_13854296>.

dia, puede ser ocasión de pecado, fomentando con demasiada frecuencia la violencia y la injusticia.

Curiosamente, no fue un comentarista bíblico, sino un estadista, quien ofreció el correctivo más revelador a esta confusión entre cristianismo y socialismo. Winston Churchill observó que «el socialismo de la era cristiana [...] se basaba en la idea de que "todo lo mío es tuyo", pero el socialismo de [hoy] se basa en la idea de que "todo lo tuyo es mío"».[26]

No está claro si el hermano menor que acudió a Jesús en relación con su herencia buscaba una sentencia definitiva, o si sólo pedía al Señor que ofreciera una opinión persuasiva a su hermano. Hoy vivimos en una de las sociedades más litigiosas de la historia del mundo. Cuando algo va mal en nuestras relaciones con los demás, muy a menudo buscamos un remedio legal en lugar de cualquier tipo de conciliación. ¿Qué buscamos cuando llamamos a los abogados y presentamos demandas? ¿Justicia? ¿O buscamos una especie de garrote con el que sacar dinero a golpes? ¿Buscamos reforzar nuestra posición? Al no ver el objetivo último y el significado de nuestra existencia, a menudo privamos al momento presente de un sentido y un propósito.

Resolver las tensiones sociales mediante el diálogo y el respeto y la comprensión mutuos es mucho mejor desde el punto de vista moral, personal e incluso económico. Por eso, sin duda, varias organizaciones y bufetes de abogados ofrecen ahora cosas como la «resolución de disputas hereditarias» para ayudar a evitar conflictos legales.[27]

La paz social, la reconciliación y la armonía sólo pueden sur-

26. Churchill, Winston. «The cause of the left-out millions», discurso en St. Andrew's Hall, Glasgow. En *Never give in! The best of Winston Churchill's speeches*, seleccionado y editado por su nieto Winston S. Churchill, Pimlico, Reino Unido, 2004, p. 23.

27. Véase, por ejemplo, «What is inheritance dispute resolution?», Attorneys.com. <http://www.attorneys.com/wills-trusts-and-probate/trusts-and-estates/inheritance-dispute-resolution>; «Mediation», TWM Solicitors, <https://www.twmsolicitors.com/our-services/dispute-resolution/wills-estate-administration-and-distribution-disputes/mediation/>; Mueller, Jennifer, «How

gir en una cultura en la que la gente valore esas cosas llamadas ventajas económicas y políticas.

De vez en cuando, casi todos hemos recibido una invitación en la que se nos informa de que podemos unirnos a una demanda colectiva. Tal vez se trate de un taladro que compró en la ferretería, una silla de bebé, un retraso en un vuelo de avión o un frigorífico. Lo más probable es que no tuviera ningún problema real con su compra. A menudo, en este tipo de demandas colectivas nos encontramos con que una empresa ha acordado pagar a la gente sólo como una forma de reducir sus pérdidas legales y evitar más peleas en los tribunales. Sería una buena idea que examinaras tus motivos antes de unirte a una demanda de este tipo. ¿Buscas auténtica justicia o sólo dinero? Una vez más, hay que tener ante los ojos el fin, el *telos*.

Se trata de cuestiones legítimas relacionadas con la moral y la economía. Nuestra sociedad se ve acosada por una política divisiva, un tejido social desgarrado y una litigación desenfrenada y derrochadora. La reforma de los litigios y la reforma política pueden ayudar, pero la solución definitiva es una reforma cultural. Los propios seres humanos deben empezar a buscar otros medios de resolver las disputas además de los recursos legales y políticos, y deben transmitir ese valor a la siguiente generación.

Cabe destacar que Jesús rechaza la sugerencia de que intervenga y actúe como litigante o redistribuidor de la propiedad. En lugar de ello, se centra en enmarcar las prioridades más amplias contando una historia con implicaciones muy interesantes. Si el hermano o hermanos aprenden la lección, tal vez sea posible una resolución real. La historia es la de un hombre que encontró un camino hacia la riqueza, que a su vez le transformó. Evidentemente, sucumbió a la idea de que la mera acumulación era su camino hacia la felicidad. Así que planeó acumular cosas para liberarse de todo trabajo. Entonces, en un giro trágico del destino, murió y todos sus ambiciosos planes murieron con él. El final

to solve inheritance disputes with mediation», Wikihow Legal, 21 de octubre del 2021, <https://www.wikihow.legal/Solve-Inheritance-Disputes-with-Mediation>.

de la historia es bastante abrupto, dejando al oyente con una sensación de conmoción, pero también, se espera, con cierta claridad moral.

Por un lado, desde un punto de vista económico, el hombre estaba haciendo un cálculo sensato. Una perspectiva económica sólida permite comprender la verdad de una situación. En este caso, se trata de la acumulación de riquezas en abundancia para que el hombre pueda jubilarse con seguridad. La lección de Jesús no es que este punto de vista económico sea falso, sino que no es toda la verdad.

Después de todo, ¿cuál es el resultado de sus esfuerzos? Grandes cantidades de comida sin consumir. Faltan otras cosas: buenas obras, heroísmo, hijos, recuerdos o un legado. En la narración que Jesús hace de la historia del hombre, nada de esto aparece, sólo una cruda finalidad. Al final, lo único que quedaba era un producto en descomposición. El mensaje claro es que no se trata de una vida para celebrar, no fue una «vida plena» aunque estuviera llena de cosas. Es la parábola antimaterialista definitiva que demuestra que «no te lo puedes llevar contigo»; puede que incluso sea el origen de la propia frase. Sin embargo, hay una manera de, en efecto, «llevártela contigo». San Ambrosio nos dice cómo «La virtud es la compañera de los muertos. Sólo la misericordia nos sigue, y sólo la misericordia gana moradas para los difuntos».[28] Al final, este hombre no poseía demasiado; poseía «demasiado poco».

¿Aprendemos de esta parábola que no debemos hacer planes para el futuro? Difícilmente. Las personas que no hacen planes para el futuro son consideradas frívolas e irresponsables en otras parábolas de Jesús, como la de las vírgenes prudentes e insensatas (Mateo, 25, 1-13), la de los constructores sabios e insensatos (Mateo, 7, 24-27; Lucas, 6, 46-49) y la del administrador injusto (pero astuto) (Lucas, 16, 1-13). Hacemos bien en conservar los recursos, en no ser derrochadores, en ahorrar y no gastar todo lo que ganamos. La frugalidad también es una virtud. Comportarnos en nuestra vida económica como si no hubiera

28. Lapide, Cornelio a, *op. cit.*, p. 486.

un mañana sería actuar de forma irracional e irresponsable, tanto por nosotros mismos como por nuestros seres queridos. Lo más probable es que no muramos mañana, y actuar como si fuera a ser así sería dejar muchas cosas importantes sin hacer. Si es insensato ser avaro y egoísta para vivir lleno de lujos en la vejez, también lo es «comer, beber y alegrarse, porque mañana moriremos», cuando esa muerte puede no llegar hasta dentro de cincuenta años. La prudencia es una virtud, aunque el materialismo no lo sea. Vivir la vida ante Dios no implica vivirla tontamente, sino todo lo contrario.

Jesús aplica un fuerte epíteto a la figura central de la parábola, llamándole «tonto». Esta palabra tiene un trasfondo del que Jesús habría sido consciente.

Como señala Arland Hultgren en su comentario a las parábolas, la palabra *necio* se emplea en la literatura sapiencial de la Biblia (por ejemplo, en el salmo 14, 1: «El necio ha dicho en su corazón: No hay Dios») para identificar a quienes, a diferencia de los *anawim* (los pobres), no reconocen su dependencia última de Dios. Los *anawim*, que no dependen de su poder militar ni de su prosperidad económica, sino de Dios, pueden contrastarse con el necio de esta parábola, que sólo confiaba en sí mismo.[29] Jesús ofrece una advertencia sobre el hecho de basar la propia sensación de seguridad únicamente en las cosas materiales, un ejercicio en última instancia inútil (necio), de hecho, una forma de idolatría también.

En este sentido, es importante no pensar que la lección de esta parábola es que «todos los ricos son tontos», y no caer en la tentación de leer en el rico tonto motivos e intenciones que simplemente no están presentes en la parábola. Como señala Hultgren, el rico insensato no es un explotador: el texto no indica que retenga sus productos para esperar a que suban los precios. Tampoco hay indicios de que no se preocupe por los demás o de que no sea generoso.[30] Nada de esto se encuentra en el texto.

29. Hultgren, Arland J., *The parables of Jesus: A commentary.* Wm. B. Eerdmans Pub. Co., Estados Unidos, 2000, p. 107.

30. Ibídem, p. 108.

Esta parábola tiene una resonancia contemporánea, ya que refleja la ansiedad que las personas que se acercan a la jubilación y la vejez sienten naturalmente por su seguridad, especialmente en un momento en el que la gente vive más tiempo y con mejor salud que nunca en la historia de la humanidad. Vemos esta preocupación en anuncios de televisión, radio, internet y prensa casi todos los días: ¿Tendré recursos suficientes para una jubilación segura y no seré una carga para mis seres queridos o la sociedad? ¿Es esto lo que Jesús condena en esta parábola? Yo creo que no. Las palabras de Jesús no constituyen una condena de la manipulación injusta, ni de la falta de generosidad, o una preocupación por una jubilación suficiente. Más bien, condenan el materialismo del necio y su idolatría al ver la realidad material como fuente y garantía última de su seguridad.

El verdadero problema del rico necio no es tanto que sea rico como que sea necio. No es tanto que fuera rico económicamente, sino que estaba empobrecido espiritualmente. Debería ser obvio que el problema de este hombre no era que planificara su futuro, sino que su visión de lo que ese futuro implicaría era demasiado estrecha. Su apego exclusivo a lo material era objeto de reproche. Qué extraño que un hombre con una visión amplia para poder ver y planificar su bienestar material fuera tan estrecho como para confundir el «tener» con el «ser».

¿Tienen los ejecutivos de éxito un apego excesivo a los bienes materiales, que acumulan para poseerlos ellos mismos? Ciertamente ocurre. Pero ciertas realidades de la estructura económica en la que actúan los empresarios debilitan de hecho esta tendencia. Si nuestro necio las hubiera comprendido, quizá no habría sido tan necio.

La mayoría de los empresarios son lo suficientemente competentes como para saber que necesitan invertir un porcentaje significativo de sus beneficios en su negocio. Kyle Taylor afirma en la revista *Entrepreneur* que el 50 por ciento de los beneficios deben reinvertirse, y Colbey Pfund dice en Forbes: «La sabiduría convencional sitúa la cifra en torno al 30 por ciento de los beneficios, y algunas personas sugieren que puede llegar al 50 por ciento. La cantidad real varía, pero el secreto está en reinvertir basándose en una estrategia real en lugar de en una cantidad/porcentaje fijo».[31]

La realidad de la empresa es que los empresarios se enfrentan a menudo a la disyuntiva de elegir entre sus deseos personales inmediatos y el crecimiento de sus negocios. Para que sus negocios tengan éxito, a menudo deben optar por retrasar la gratificación.

Las estructuras de una economía de mercado recompensan a las personas que actúan más allá de sus deseos inmediatos para atender las necesidades de los demás: tanto las de sus empleadores como las de los consumidores de sus productos. Un empresario que acumula sus ganancias en lugar de reinvertir una parte importante de ellas no va a prosperar. El buen juicio comercial consiste en la capacidad de anticiparse a la demanda del público y sacrificar el propio beneficio personal inmediato para que otros puedan acceder a bienes y servicios.

No es la preocupación central de esta parábola —ser rico para con Dios lo es—, pero demasiados predicadores simplemente pasan por alto el potencial de reforzar su mensaje con lecciones de las actividades económicas en el mercado libre.

Esta parábola también subraya un hecho central (y bastante humillante) que todo inversor comprende: el futuro siempre es incierto, la gente no sabe lo que no sabe, y por eso es tan difícil obtener beneficios. No hay garantías. No hay empresa sin riesgo. El pasado no es un indicador fiable de los resultados futuros. La incertidumbre sobre el futuro es algo a lo que todos debemos enfrentarnos. Una forma de ver esta historia es concluir que el hombre rico era un necio porque creía que podía estar seguro. Pensaba que sabía cosas que no podía saber. Y estaba equivocado. En esto le faltó humildad. Nuestro destino está en manos de Dios, por lo que debemos esforzarnos por evitar la

31. Taylor, Kyle, «Why you need to reinvest half of what you earn back into your company», *Entrepreneur*, 23 de junio del 2015, <https://www.entrepreneur.com/article/247614>.; Pfund, Colbey, «Five reasons to reinvest in your own company», *Forbes*, 2 de octubre del 2018, <https://www.forbes.com/sites/theyec/2018/10/02/five-reasons-to-reinvest-in-your-own-company/#60462da62da4>.

presunción de que conocemos el futuro, como inversores, ahorradores, consumidores y responsables políticos. Por supuesto, esto se aplica también a nuestra vida interior. No podemos saber cuándo será nuestro último día en la tierra. No podemos posponer actuar moralmente, vivir correctamente, liberar nuestras conciencias de los efectos del pecado, hacer las cosas bien con nuestros vecinos y comprometernos con Dios. Debemos aprender el hábito de hacer lo mejor que tenemos ante nosotros. Esto es lo que significa vivir la propia vida ante Dios, y ante la eternidad.

Nuestros ideales, virtudes y corazones (esos intangibles) importan más que nuestras cuentas bancarias. Seamos ricos o pobres, podemos vivir de acuerdo con nuestros más elevados ideales, evitando la avaricia y el comportamiento litigioso que tan a menudo provoca. Lo que hay que acumular es buena voluntad, benevolencia hacia el prójimo, magnanimidad y preocupaciones trascendentes. Llegará un momento para cada uno de nosotros en que este mundo ya no nos contenga, y desearemos haber actuado así.

Existe una antigua tradición romana según la cual, cuando César regresaba de alguna batalla victoriosa, un paje le acompañaba en su carroza. Mientras toda Roma gritaba las alabanzas del vencedor, el chiquillo susurraba al oído de César repetidamente: «Memento mori, sic transit gloria mundi» —«Recuerda tu muerte, todo el esplendor terrenal se desvanece»—. Esto pone las cosas en perspectiva, ¿verdad?

6

Los dos deudores

En esto, una mujer que había en la ciudad, una pecadora, al enterarse de que estaba comiendo en casa del fariseo, vino trayendo un frasco de alabastro lleno de perfume y, colocándose detrás junto a sus pies, llorando, se puso a regarle los pies con las lágrimas, se los enjugaba con los cabellos de su cabeza, los cubría de besos y se los ungía con el perfume. Al ver esto, el fariseo que lo había invitado se dijo: «Si éste fuera profeta, sabría quién y qué clase de mujer es la que lo está tocando, pues es una pecadora». Jesús respondió y le dijo: «Simón, tengo algo que decirte». Él contestó: «Dímelo, Maestro». «Un prestamista tenía dos deudores: uno le debía quinientos denarios y el otro cincuenta. Como no tenían con qué pagar, los perdonó a los dos. ¿Cuál de ellos le mostrará más amor?» Respondió Simón y dijo: «Supongo que aquel a quien le perdonó más». Y él le dijo: «Has juzgado rectamente». Y, volviéndose a la mujer, dijo a Simón: «¿Ves a esta mujer? He entrado en tu casa y no me has dado agua para los pies; ella, en cambio, me ha regado los pies con sus lágrimas y me los ha enjugado con sus cabellos. Tú no me diste el beso de paz; ella, en cambio, desde que entré, no ha dejado de besarme los pies. Tú no me ungiste la cabeza con ungüento; ella, en cambio, me ha ungido los pies con perfume. Por eso te digo: sus muchos pecados han quedado perdonados, porque ha amado mucho, pero al que poco se le perdona, ama poco». Y a ella le dijo: «Han quedado perdonados tus pecados». Los demás convidados empezaron a decir entre ellos: «¿Quién es éste, que hasta perdona pecados?». Pero él dijo a la mujer: «Tu fe te ha salvado, vete en paz». (Evangelio de san Lucas 7, 37-50)

Vayamos al grano. Lo que tenemos en la parábola de los dos deudores es una imagen de Dios como banquero o prestamista. Pero es un prestamista cuya principal preocupación no es el dinero, sino el bienestar de las personas vulnerables.

La parábola es sorprendentemente breve y se sitúa en el contexto de la interacción de Jesús con sus discípulos. Sin embargo, la parábola de los dos deudores está cargada de ideas sobre el pecado y el perdón, y emplea la noción de «deuda» en relación con el perdón, que, si lo pensamos bien, también es un tema importante en nuestros días. Resulta intrigante y oportuna la forma en que esta parábola plantea hasta qué punto nuestros valores, tan a menudo vistos en términos económicos, revelan quiénes somos en realidad.

La figura de la mujer «pecadora» de este pasaje ha sido motivo de gran confusión: se ha especulado mucho sobre su identidad a lo largo de los siglos de reflexión y debate cristianos. Algunos han pensado que es la mujer sorprendida en el acto adúltero descrito en Juan 8, 1-11; otros la ven como María de Magdala, la mujer evidentemente rica de la que habían sido exorcizados siete demonios; y algunos la han identificado con María, la hermana de Marta y Lázaro de Betania. La lectura de los retratos de la relación de Jesús con las mujeres a lo largo de los evangelios arroja luz sobre cómo pudieron surgir estas confusiones. (Véanse, por ejemplo, Mateo 26, 6-13, Marcos 14, 3-9 y Juan 12, 1-8.)

La ley farisaica habría considerado el contacto con la mujer en los sucesos considerados en el texto como una forma de profanación de Jesús. Sin embargo, Jesús adopta un punto de vista sorprendentemente más generoso e indulgente hacia esta mujer, considerando sus acciones como una expresión de amor, dolor y virtud. En su opinión, no hay que juzgarla por su pasado, sino por sus acciones y aspiraciones presentes. El grado de su pecaminosidad, la intensidad de su conducta pecaminosa en el pasado y su mala reputación, por merecida que sea, no son, para Jesús, determinantes de su dignidad intrínseca como persona. Es evidente que busca la redención. La generosidad con que trata a Jesús revela algo sobre sus valores; es concomitante (y quizá proporcional) a la conciencia que tiene de su reputación y de sus defectos.

La acción tiene lugar en un banquete. Era costumbre invitar a los viajeros, especialmente a los predicadores de las sinagogas locales, a asistir a esas cenas.[32] La sola idea de que una mujer de dudosa reputación asistiera a una reunión de ese tipo era transgresora, y esta mujer aumenta el dramatismo con sus acciones, que se consideraban ilícitas: soltarse el pelo delante de los hombres y tocar a Jesús. Y entonces Jesús demuestra una profunda caridad y perdón por ella en público: altera su estatus moral perdonando sus pecados pasados y convierte en virtud lo que para los otros es un acto sensualmente provocativo. Jesús ve en su motivación un amor profundo, ilustrativo de un cambio en su corazón. Ella valora más su amor por Jesús que el oneroso precio del perfume. Al ver su motivación, Jesús responde con benevolencia.

En este momento surge la metáfora de la deuda: para ilustrar por qué la perdonó en lugar de condenarla, Jesús relata la imagen económica de dos deudores. Uno debía quizá el salario de cincuenta días, y el otro el de quinientos días, y ambos fueron perdonados por el acreedor. Jesús plantea a sus cínicos anfitriones una pregunta casi retórica: ¿Cuál de estos deudores se ha beneficiado más de esta generosidad? Cualquiera que sepa sumar puede ver que es el que tenía más deudas. Esto es bastante obvio, y Simón responde correctamente a la pregunta de Jesús. El hecho de que la respuesta correcta sea tan obvia ilustra lo controvertidas que fueron las acciones de Jesús. En lugar de contar una historia compleja con un punto contraintuitivo o poco claro, Jesús cuenta una historia muy directa en la que la lección es difícil de pasar por alto. Sin embargo, considera lo que revela sobre el carácter y la identidad del acreedor.

32. Jeremias, Joachim, *op. cit.*

El siervo despiadado, John Everett Millais, grabado por los hermanos Dalziel, Museo Metropolitano.

La parábola, como muchas otras, sirve para ilustrar la perspectiva del cristianismo sobre el pecado y el perdón. Un rasgo distintivo del cristianismo es su insistencia en la universalidad de la oferta de perdón, no circunscrita a una tribu o un clan, sino a todos. No importa lo atroz que sea el pecado o la ofensa, siempre se hace la oferta universal de redención; de hecho, incluso está disponible en el último momento (Lucas 23, 33-43). Cuanto mayor es la deuda, más generoso y loable es el acto de perdonar la deuda. Esto revela el carácter de un Dios amoroso.

En el cristianismo, la deuda y su perdón no son transaccionales, porque no son un ejercicio especulativo. Más bien, el perdón revela el carácter de Dios. Podemos hacernos una idea comparándolo con el mundo económico, en el que la deuda se basa necesariamente en transacciones basadas en garantías que reducen el riesgo de conceder el préstamo. Jesús recurre en gran medida al mundo de la economía para exponer sus argumentos sobre la gratitud y la proporcionalidad, aunque sólo sea para mostrar la inmensidad de la generosidad de Dios e incitar esa cualidad en nosotros. En el acto de la redención, Dios anula el castigo que los seres humanos merecen justamente por sus pecados. La gratitud recíproca por esta gracia (favor inmerecido) aumenta naturalmente en proporción a nuestro pecado. Cuanto más perdón se requiere, más apreciamos su milagro y más humildad experimentamos ante tal misericordia. Nuestro amor aumenta al ser conscientes del «coste» de la misericordia.

Existe un prejuicio popular y simplista —procedente de una mentalidad que no tiene ninguna referencia a lo trascendente— contra los acreedores, que a menudo son presentados como ricos ociosos que infligen daños a los pobres laboriosos. En la parábola de los dos deudores, este prejuicio popular se invierte. No se trata de una lucha de clases entre explotadores y explotados. Esta parábola tampoco sugiere que al acreedor no se le deba el pago, por pura justicia. De hecho, su benevolencia se ve precisamente en el hecho de que él es un legítimo acreedor. Los que contrajeron la deuda siguen debiéndola. Sin esta premisa, la parábola no tendría sentido; desde luego, no sería tan conmovedora. Lo que ocurre aquí es un notable acto de caridad, rebosante de belleza, instructivo e inspirador.

En la cultura política actual, nuestra simpatía suele dirigirse hacia los que deben dinero, hacia los que se consideran agobiados por una carga injusta, especialmente cuando se les exige el pago de intereses. La legislación de todo tipo —ya sean leyes de quiebra, restricciones a la «usura» o inflación diseñada para aligerar la carga de los deudores— favorece a los que tienen deudas. En la imaginación popular, la persona o institución que concede créditos nunca es vista como un benefactor, o como alguien que hace posible adquirir recursos para cubrir las necesidades de la vida o para impulsar el progreso económico.

Desde una perspectiva moral, es comprensible, y loable, que la empatía con los vulnerables impregne a la comunidad humana, independientemente de cuál sea la causa de esa vulnerabilidad. Esta empatía, sin embargo, no nos concede el derecho a distorsionar la realidad. No vemos ningún sesgo por parte de Jesús a favor o en contra de una u otra parte. Es como si el Señor tuviera en mente la admonición de imparcialidad de Levítico 19, 15: «No serás parcial ni por favorecer al pobre ni por honrar al rico».

Dada la omnipresencia de las actividades económicas en la mayor parte de la vida humana, es comprensible que las personas tengan la propensión o la tentación de identificar su propio yo con su estatus o clase. Quizá ningún filósofo social haya escrito de forma más radical y con mayor efecto sobre la cuestión de la identidad de clase que Karl Marx.[33] Esencialmente, Marx veía la identidad de una persona a través de la lente de las relaciones económicas y sociales de esa persona con los demás. Esto le llevó a pensar en términos de los conflictos que surgen entre grupos (lo que él llama «lucha de clases»). El cristianismo tiene una antropología muy diferente, que no promueve el conflicto ni la lucha de clases, sino la armonía y la reconciliación a través del encuentro interpersonal. Esto es lo que vemos que ocurre en esta parábola, incluso en los supuestos económicos que se emplean.

A diferencia de Marx, con el advenimiento de la Revolución

33. Marx, Karl, *El capital*, Siglo XXI, Madrid, 2021.

Industrial la relación entre el deudor y el acreedor pasó a considerarse simplemente una cuestión de intercambio mutuamente beneficioso, en lugar de una jerarquía fija, con las identidades de las partes determinadas por la clase. De este modo, el acreedor, al disponer de fondos, puede ponerlos a disposición del prestatario para atender necesidades inmediatas. Con la eventual aparición de las carteras de inversión, en las que incluso personas de medios modestos pueden participar y convertirse a su vez en acreedores, aparece un panorama más holístico.

Los acreedores tienen que examinar los registros financieros y la reputación de quienes piden dinero prestado para determinar hasta qué punto es probable que el prestatario cumpla su parte del trato. De lo contrario, el acreedor hará un uso irresponsable y despilfarrador de sus propios recursos.

Nada en esta parábola cuestiona las prácticas de prestar y pedir prestado. Y aunque el cobro de intereses por los préstamos, sobre todo a los pobres, había sido condenado en los textos hebreos, Jesús no condena el interés —que no es más que el precio que paga el prestatario por disponer de dinero más pronto que tarde— en esta parábola.[34] Tampoco lo aprueba; no lo menciona. El cobro de intereses se convertiría más tarde en una gran controversia moral que trabó la historia altomedieval. Gran parte de la controversia se debe a la incomprensión de que un tipo de interés de mercado es un fenómeno económico natural y una característica normal de cualquier intercambio económico que requiera coordinación a lo largo del tiempo.

La legislación que impone restricciones a la capacidad del acreedor para cobrar deudas introduce un riesgo moral que merma la capacidad de las personas para dedicarse al comercio. El deudor se vuelve menos cauto a la hora de pedir prestado y más imprudente en sus tratos financieros. El impacto se extiende a todos los clientes del acreedor. El acreedor, a su vez, se vuelve menos propenso a conceder préstamos, o tal vez siente la necesidad de cobrar un tipo de interés más alto para asegurarse contra el mayor riesgo en que incurre. Esto produce un efecto general

34. Éxodo 22, 25-27; Levítico 25, 36-37; Deuteronomio 23, 20-21.

perjudicial en cualquier sociedad, y es precisamente en este punto donde surge la legítima preocupación por los tipos de interés «usurarios». Nótese, sin embargo, que esta dinámica no se pone en marcha por el libre funcionamiento de los mercados. Al contrario, es la legislación bienintencionada pero restrictiva la que pone en marcha el ciclo.

Es natural que las leyes de quiebra, por ejemplo, que permiten a los prestatarios condonar préstamos y no pagar sus deudas, entre otras cosas, hayan facilitado y hecho más probable que la gente se endeude mucho. El sentido común nos dice que cuando el patrimonio de las personas no está realmente en juego, es más probable que se endeuden que cuando realmente tienen que pagar sus deudas. La tendencia a incentivar a la gente a vivir por encima de sus posibilidades y acumular deudas es el resultado de una cultura cívica que, de hecho, la subvenciona mediante una amplia panoplia de leyes promulgadas supuestamente en nombre de los endeudados.[35]

Los hechos económicos de esta parábola son que los dos deudores habían tomado malas decisiones, como aparentemente también lo había hecho el acreedor. Objetivamente hablando, el contrato se había roto. Es muy posible que los prestatarios no pudieran pagar la deuda, aunque quisieran. Un prestatario estaba en peor situación que el otro, pero ambos necesitaban ayuda. El acreedor sabía que no iba a cobrar, por lo que dejó de considerar su trato como una transacción comercial. Aquí es donde entra en juego la dimensión de la misericordia.

Esta dinámica se da en situaciones que no implican pedir dinero prestado: Supongamos que alguien te llama para realizar algún servicio a cambio de unos honorarios. Tal vez seas contable y te llamen para corregir unos libros contables. O tal vez seas artista y hayas pintado una obra para la casa de alguien. O diga-

35. «Bankruptcy law in the United States», EH.net, <https://eh.net/encyclopedia/bankruptcy-law-in-the-united-states/>; «A brief history of bankruptcy», Bankruptcy Data, <https://www.bankruptcydata.com/a-history-of-bankruptcy>; Mattera, Philip, «Debt Trap», Corporate Research Project, <https://www.corp-research.org/e-letter/debt-trap>.

mos que eres fontanero y te han contratado para desatascar una tubería. Todos éstos son tratos comerciales, no situaciones de préstamo de dinero. Pero ¿y si resulta que la persona para la que has hecho el trabajo admite de repente que no tiene dinero para pagarte?

Es lógico que te enfades. Puede que tomes medidas para asegurarte de que esto no vuelva a ocurrir. Puedes plantearte emprender acciones legales, para lo que sin duda estás en tu derecho. Pero también es posible que surja algo que te llegue al corazón. Tal vez sean las desafortunadas condiciones que condujeron al incumplimiento del contrato. Tal vez sea la sinceridad y transparencia del deudor. Tal vez la conciencia de algún factor que escapa al control del deudor amplíe tu perspectiva e invite a tu empatía. Las intenciones pueden influir en tu actitud: ¿Era el deudor engañoso y astuto y tenía intención de estafar desde el principio, o intervino alguna circunstancia devastadora? Tu respuesta también puede depender de tu percepción del arrepentimiento de la otra persona. No es inconcebible que recuerdes errores que tú mismo has cometido. Puede que un momento en tu vida en el que surgieron cosas que escapaban a tu control y que te impidieron cumplir con tus compromisos, o algún momento en el que te diste cuenta de que habías tomado una mala decisión. Nada de esto te eximió de tus compromisos. Pero puede haber influido tu honestidad, la seriedad de tu arrepentimiento y tu voluntad de enmendarlo en la medida de lo posible.

Lo que a menudo se olvida en la relación entre prestatario y prestamista es que existe una reciprocidad entre ellos. El prestamista ha prestado un servicio y espera el pago. El prestatario dispone de recursos que de otro modo no habría tenido. (La naturaleza del intercambio económico es la misma, haya o no dinero de por medio.) En la parábola de Jesús, es el prestamista, no el prestatario, quien está en posición de tomar la decisión de buscar un remedio legal a la disputa, o alternativamente, como se ve aquí, ofrecer un acto de caridad. El propio acto caritativo es posible gracias a la legitimidad de la deuda. Esta realidad de la deuda nunca se cuestiona en la parábola, sino que se asume como parte de la historia. En el pensamiento contemporáneo, se tiende a suponer que otras personas ajenas a esta relación libremente contraída deberían estar facultadas para tomar estas decisiones. A menudo confiamos este poder al Estado, que alivia a los prestatarios de su carga mediante la legislación o alguna otra intervención. Sea cual sea el resultado, es fundamental para la claridad moral no confundir la regulación gubernamental con la caridad. Las intervenciones legales y reguladoras son formas de compulsión desde fuera de la relación, dirigidas contra quienes conceden el crédito: básicamente, eximir legalmente a los clientes de pagar sus facturas de alimentos, zapatos, servicios de fontanería y similares. Imaginemos el impacto global que esto tendría en una sociedad que adoptara este tipo de políticas de forma generalizada.

En nuestra parábola, aquellos cuyas deudas son perdonadas experimentan un sentimiento de gratitud hacia el prestamista. En marcado contraste con los que piden y se benefician del alivio de la deuda impuesto por el gobierno, los beneficiarios de la caridad de los prestamistas en la parábola sienten amor, no resentimiento. Así es como debe ser. Podemos apreciar mejor la lección moral de esta parábola comprendiendo la naturaleza del contrato comercial en cuestión. Las relaciones entre acreedores y prestatarios no son inevitablemente una cuestión de explotación, y si las vemos como tal, nos perderemos todo el sentido de la historia.

Si aún no está claro, consideremos cómo cambia el escenario cuando la deuda que se contrae es política. En este escenario, los gobiernos piden prestado a los bancos privados como medio de ampliar su capacidad de gasto sin haber recaudado antes los ingresos (en impuestos). Las deudas se pagan con los futuros ingresos fiscales. Ésta es la razón por la que la deuda pública debe tomarse en serio, y por la que se considera tan atroz: implica a personas en una obligación que nunca contrajeron. Es decir, personas que no eran parte de la deuda se ven obligadas a pagarla. Como no se trata de un intercambio de mercado, cuando los bancos reclaman estos préstamos, el Estado sólo puede pagarlos intensificando su control sobre la propiedad y la vida de sus ciudadanos.

Es esta realidad la que suscita cierta ambivalencia moral ante el problema de la deuda del tercer mundo. No basta con decir que hay que pagarla. ¿Quién debe pagarla? ¿A qué coste a largo plazo para la población? Podemos simpatizar con quienes dicen que es una carga demasiado pesada para ellos. También podemos sentir simpatía por los bancos que concedieron estos préstamos a los gobiernos en primer lugar, aunque recordemos que sólo pueden pagarse confiscando el dinero de personas que son mucho más pobres que los banqueros.

Eso no significa que los préstamos deban ser repudiados, pero sí altera un poco nuestra valoración moral, exigiéndonos que reconozcamos que los que dicen que la deuda pública es injusta tienen razón. La respuesta definitiva es que los gobiernos no deberían endeudarse excesivamente, y menos sin el consentimiento de los gobernados. Como el resto de nosotros, no deben vivir por encima de sus posibilidades. Y que los bancos también deben tener en cuenta los costes morales y económicos de pedir en países donde la gente es demasiado pobre para pagar, y de conceder tales préstamos en primer lugar.

En el centro de esta parábola está la lección de que la caridad es un impulso loable que nos remite a una dimensión de la vida tan real como la económica: la deuda del amor. Aquí nos encontramos con personas, no instituciones, que se sintieron movidas a actuar en favor de otras personas. Es también un recordatorio de que criticar automáticamente a quienes conceden préstamos a los necesitados es una reacción superficial y desinformada. Esos prestamistas, como todos los empresarios, asumen riesgos que hacen posibles avances en el nivel de vida de todos.

¿Significa esta parábola que deben perdonarse todas las deudas pecuniarias? Independientemente de lo que se quiera argumentar al respecto, lo cierto es que ésta sería una parábola muy diferente si ésa fuera su moraleja. No, no significa eso. Lo que sí muestra es que dar a la gente una segunda oportunidad es moralmente meritorio. La justicia sin caridad desciende con demasiada facilidad a la crueldad. En el plano de la misericordia, podemos ver que el perdón de los pecados es un acto de caridad digno, cuyo valor aumenta si el beneficiario muestra contrición en lugar de justificar el pecado cometido.

Jesús permitió a su anfitrión Simón (y a nosotros) ver a la mujer pecadora como él mismo la veía: una persona digna necesitada de amor y redención. Todos somos imperfectos. De un modo u otro, se puede decir que todos estamos en deuda, aunque sólo sea con nuestros padres, que nos trajeron al mundo y nos enseñaron por primera vez a pensar y a hablar. También todos somos pecadores. Ésa es la lección fundamental de la parábola aplicada a nuestra vida.[36] La ley y la justicia tienen su lógica, pero la caridad y la verdadera benevolencia son las que forman una comunidad claramente humana y decente. Qué interesante que Jesús utilice un ejemplo del mundo de las finanzas para ilustrar un punto tan fundamental para el propio cristianismo. Las lecciones económicas ilustran que no tiene por qué haber incoherencia entre la justicia y la caridad; de hecho, pueden informarse y reforzarse mutuamente.

36. Fonck, Leopold, *op. cit.*, p. 678.

7

Los talentos

Es como un hombre que, al irse de viaje, llamó a sus siervos y los dejó al cargo de sus bienes: a uno le dejó cinco talentos, a otro dos, a otro uno, a cada cual según su capacidad; luego se marchó. El que recibió cinco talentos fue enseguida a negociar con ellos y ganó otros cinco. El que recibió dos hizo lo mismo y ganó otros dos. En cambio, el que recibió uno fue a hacer un hoyo en la tierra y escondió el dinero de su señor. Al cabo de mucho tiempo viene el señor de aquellos siervos y se pone a ajustar las cuentas con ellos. Se acercó el que había recibido cinco talentos y le presentó otros cinco, diciendo: «Señor, cinco talentos me dejaste; mira, he ganado otros cinco». Su señor le dijo: «Bien, siervo bueno y fiel; como has sido fiel en lo poco, te daré un cargo importante; entra en el gozo de tu señor». Se acercó luego el que había recibido dos talentos y dijo: «Señor, dos talentos me dejaste; mira, he ganado otros dos». Su señor le dijo: «¡Bien, siervo bueno y fiel!; como has sido fiel en lo poco, te daré un cargo importante; entra en el gozo de tu señor». Se acercó también el que había recibido un talento y dijo: «Señor, sabía que eres exigente, que siegas donde no siembras y recoges donde no esparces, tuve miedo y fui a esconder tu talento bajo tierra. Aquí tienes lo tuyo». El señor le respondió: «Eres un siervo negligente y holgazán. ¿Con que sabías que siego donde no siembro y recojo donde no esparzo? Pues debías haber puesto mi dinero en el

> banco, para que, al volver yo, pudiera recoger lo mío con los intereses. Quitadle el talento y dádselo al que tiene diez. Porque al que tiene se le dará y le sobrará, pero al que no tiene, se le quitará hasta lo que tiene. Y a ese siervo inútil echadlo fuera, a las tinieblas; allí será el llanto y el rechinar de dientes». (Evangelio de san Mateo 25, 14-30. Véase también Evangelio de san Lucas 19, 12-27)

La parábola de los talentos quizá sea la más famosa de las parábolas (su único competidor es, tal vez, el hijo pródigo). Sin duda, es la que más a menudo me piden que comente, dado mi trabajo en el campo de los negocios y la economía.

Esta conocida parábola del Evangelio de san Mateo tiene un relato paralelo en Lucas 19, 12-27, donde se encuentran una serie de rasgos distintivos y diversos dignos de mención, pero como el relato de Mateo es más elaborado, resulta más útil para el propósito limitado de este estudio, ya que examinamos los presupuestos económicos en juego en las parábolas y sondeamos qué pensamientos pueden suscitar en el ámbito económico.

Aunque los detalles difieren entre Mateo y Lucas —por ejemplo, el «hombre» en Mateo es un «noble» en Lucas, donde un total de ocho talentos se reparten desigualmente entre tres siervos, frente a las diez unidades monetarias repartidas equitativamente entre diez siervos, y así sucesivamente—, persisten amplias similitudes.

La parábola de los talentos comparte un motivo familiar con otros relatos de Jesús, sobre reyes o gobernantes que se marchan por temporadas dejando sus riquezas al cuidado y la inventiva de sus siervos, con resultados diversos (véanse, por ejemplo: Marcos 13, 34-37, y Lucas 12, 35-38; Mateo 24, 45-51, y Lucas 12, 42-46; y Lucas 19, 12-27, Mateo 21, 33-46, y Lucas 20, 9-19).

Como en todas las parábolas de Jesús, tenemos aquí muchas capas de significado, todas las cuales se reducen realmente a lecciones sobre la cuestión de cómo hemos de utilizar lo que Dios nos confía. En el plano temporal, se trata de una historia sobre el capital, la inversión, el espíritu empresarial y el uso adecuado de unos recursos económicos escasos, así como sobre el riesgo que entraña su empleo. La mente moderna planteará aquí cuestiones sobre la igualdad, pero el mundo de Jesús asumía las diferencias. En cualquier caso, la parábola, como todo el cristianismo, trata del desafío del poder unificador del amor. La utilización de este modelo de empresa como símil del reino constituye un reproche directo a cualquiera que vea una contradicción intrínseca entre el éxito empresarial y la vida cristiana, aunque no sea ése el objetivo de la parábola.

El amo de esta parábola encarga a sus tres criados el cuidado de sus bienes durante su ausencia. Su atención a los detalles y su meticulosidad hacen sospechar que no se trata de una inversión arbitraria, sino de una que ha evaluado cuidadosamente, llegando a la conclusión de que las habilidades naturales particulares de cada siervo hacen a cada uno digno de la confianza que deposita en él. Confía 5 talentos a un siervo, 2 a otro y 1 al tercero, un total de 8 talentos, a cada uno, como decimos, «según su capacidad», una frase fundamental para entender la profundidad de la parábola, en mi opinión.[37] Luego abandona la escena por un tiempo. A medida que los siervos asumen las responsabilidades que se les confían y entran en un mundo abierto a la empresa y al uso de su intelecto, al riesgo y a la inversión, su fidelidad se pone de manifiesto. El siervo que recibió 5 talentos se dedica a los negocios y desarrolla sus posesiones. El siervo que recibió 2 talentos también duplica los suyos. Pero el siervo que recibió 1 talento esconde los bienes del amo en un agujero en la tierra, y es instructivo descubrir por qué. Esconder objetos de valor en la tierra era evidentemente un modo de intentar preservar las pertenencias en el antiguo Israel, si hemos de creer a Josefo.[38]

37. Esta frase de Jesús (versión inglesa estándar, Mateo 25, 15; en la versión King James dice «a cada uno según su capacidad») ha sido tomada y politizada por Marx y sus seguidores para sus propios fines bastante diferentes. Véase, por ejemplo, <https://halshs.archives-ouvertes.fr/halshs-01973833/document>.

38. Flavio Josefo, *La guerra de los judíos*, RBA, Barcelona, 2008.

La parábola de los talentos, Rembrandt, Museo del Louvre.

El amo vuelve para ajustar cuentas y los criados proceden a dar cuenta de sus negocios. Los dos primeros reciben grandes elogios por haber duplicado su inversión.

El clímax del drama, por supuesto, se produce cuando llegamos al siervo al que se le había confiado 1 talento y que admite que no hizo nada. Su confesión suena casi como una defensa, ya que señala que la propiedad original al menos se mantuvo a salvo. La explicación de este siervo da la impresión de que, en su mente, no haber perdido lo que se le había confiado cumplía con su encargo. La respuesta del amo es rápida y dura: ordena que le quiten el talento al siervo perezoso y se lo den al que tiene los 10 talentos. Además, ordena: «Y al siervo inútil echadlo a las tinieblas de afuera; allí será el llanto y el rechinar de dientes» (versículo 28).

Nuestra reacción inicial ante esta parábola puede ser dirigirnos rápidamente a su significado en el orden de la salvación: el señor que se ha ido de viaje representa claramente al propio Jesús, y el juicio recae sobre nuestra fidelidad de todo corazón.[39]

39. Scott, Bernard Brandon, *op. cit.*, p. 220.

Se concede una recompensa eterna a quienes han sido administradores fructíferos y fieles de los dones recibidos. Se espera que nuestro trabajo por Cristo sea robusto, entusiasta, intrépido y total, orientado al resultado más alto posible de aquello que se nos ha confiado. Ocultar simplemente este don es no emplearlo; evidentemente, no es para eso para lo que se nos ha dado.

Pero si reflexionamos sobre el significado llano de la historia en un sentido económico también surgirán algunas lecciones adicionales. La propiedad y la inversión son características habituales de la vida. Son dinámicas. Si despreciamos la intención del amo, o si nos mostramos como siervos poco dispuestos a demostrar nuestra fidelidad sacando un gran potencial de los dones del amo en un nivel, ¿cómo podremos demostrar nuestro trabajo en un nivel superior? Como dice el propio amo: «Bien, siervo bueno y fiel; sobre poco has sido fiel, sobre mucho te pondré». Este principio se aplica no sólo en el ámbito de la economía; también aclara la relación entre los reinos material y espiritual, que deben tenerse en cuenta para comprender plenamente la lección en su totalidad.

El siervo inútil arrojado a las tinieblas, Léonard Gaultier, Galería Nacional de Arte.

Empecemos por la palabra *talento* empleada aquí. La palabra inglesa, que se deriva de esta parábola y llegó a su uso actual alrededor del siglo XV, significa una capacidad o una aptitud.[40] Consideremos la cuantía de la suma que, según Jesús, se confió al cuidado de estos siervos. En tiempos de Jesús, 1 talento grecorromano equivalía a 6.000 denarios. 1 denario era la paga media por un día de trabajo.[41] En otras palabras, a este hombre se le dio una asombrosa oportunidad de realizar una inversión equivalente a 6.000 días de trabajo.

Calculando sobre la base del salario mínimo federal actual en Estados Unidos, de 7,25 dólares —que es lo más bajo de la escala salarial, incluso para los trabajos menos exigentes—, se obtiene un salario diario de 58 dólares, lo que hace que 1 talento valga al menos 348.000 dólares. Y el amo confió a los tres siervos una suma equivalente al menos a esa cantidad, y al que le dio los 5 talentos, una cantidad equivalente al menos a 1,74 millones de dólares.

En una interpretación más amplia de esta parábola, se considera que los talentos se refieren a todos los dones —naturales, espirituales y materiales— que Dios nos ha dado para que los utilicemos. Eso incluiría nuestras habilidades y recursos naturales —nuestra salud y nuestra educación—, así como nuestras posesiones, dinero y oportunidades. También abarcaría nuestra personalidad, nuestro sentido del ahorro, nuestra apertura a nueva información (es decir, nuestra humildad), nuestro ingenio y nuestro nivel de tolerancia al riesgo, entre las diversas aptitudes que nos son propias como individuos. Incluiría todos los rasgos que poseemos por haber sido creados a imagen de Dios, y también todos los rasgos individuales de nuestra personalidad, pequeños y grandes, que damos por sentados o ni siquiera notamos. Incluso podría incluir nuestra red de contactos, tanto si los hemos desarrollado personalmente como si simplemente los hemos heredado. La lista podría ser interminable. La cuestión es que hay muchas cosas en nuestras vidas de las que nos beneficia-

40. Hultgren, Arland J., *op. cit.*, p. 274.
41. Ibídem, p. 8.

mos, y que muchas de ellas las hemos recibido de otros o simplemente de las circunstancias; no podemos reclamarlas como mérito exclusivo nuestro. Puede que hayamos tenido cierto control sobre lo que hemos recibido y quizá hayamos desarrollado o ampliado nuestras capacidades. Pero a menudo nos llegan por la casualidad de nuestra genética o nuestra geografía, o por los dones de otros.

Nuestra obligación ante tales dones es reconocerlos precisamente como tales. Conllevan la responsabilidad de emplearlos de forma que honren al dador, tanto si es conocido como si no, y, en cualquier caso, de forma que sirvan a algún fin superior o *telos* moral. Esto es cierto tanto a nivel espiritual como material. Una lección de la parábola de los talentos es que la creatividad puede ser una respuesta de fidelidad y gratitud, y que no es inmoral sacar provecho de nuestros recursos. Téngase en cuenta que la alternativa al beneficio es la pérdida, aunque sólo sea de oportunidades. Sin duda, una pérdida, ya sea de oportunidades o de riqueza —especialmente cuando se debe a la falta de iniciativa—, no constituye una buena administración.

Esta parábola presupone una comprensión de la correcta administración del dinero. En el derecho rabínico, el entierro se consideraba la mejor seguridad contra el robo. Si una persona a la que se le había confiado dinero lo enterraba en cuanto lo tenía en su poder, quedaba libre de responsabilidad en caso de que le ocurriera algo. Lo contrario ocurría con el dinero que sólo estaba atado en un paño. En este último caso, la persona era responsable de cubrir cualquier pérdida sufrida como consecuencia del cuidado inadecuado del depósito.[42]

Sin embargo, esta historia le da la vuelta a esta idea. Si el amo quería enterrar los talentos, no necesitaba dárselos a nadie. Y, evidentemente, comprendió que llegar al punto de equilibrio sería, en realidad, una pérdida, porque la riqueza tiene potencial. Eso forma parte de su responsabilidad. Desde el punto de vista económico, el tiempo es dinero (o interés).

42. *The Babylonian Talmud* (Seder Nezikin). *Baba Metzia*, Rebecca Bennet Publications Inc., Estados Unidos, 1959, pp. 250-251.

Otra lección de esta parábola se refiere al uso que hacemos de las capacidades y recursos que Dios nos confía: nuestra respuesta a su don. Y no es la primera vez que vemos este tema en la Biblia. En el libro del Génesis, Dios confía a Adán la tierra para que utilice el trabajo humano para el sustento de la familia humana, una situación paralela a la de esta parábola. Esencialmente, lo mismo se ve en la parábola de los talentos, donde el amo espera que sus siervos ejerciten su creatividad. En lugar de esconder pasivamente lo que se les ha dado, se espera que los siervos inviertan el dinero, es decir, que sean creativos con él, aplicando su mente y su trabajo. El amo se enfada por la timidez —y la caracterización errónea del propio amo— del siervo que había recibido el único talento y no había producido nada con él. Veamos más de cerca a este siervo.

La caracterización que el siervo perezoso hace de su amo es bastante reveladora. Lo primero que merece la pena destacar es que el temor a su amo —al que en última instancia culpará de no haber sabido invertir su talento— no es evidente desde el principio, cuando éste le confía inicialmente su riqueza. En ese momento parecería que su actitud debería ser de agradecimiento o incluso de orgullo por haber sido seleccionado para esta tarea. No hay indicios de que vea a su amo más que como un generoso benefactor que confía en su siervo.

Sólo cuando el siervo traiciona esa confianza se vuelve contra su amo. Es decir, cuando se le pide que rinda cuentas de sus actos, ofrece una valoración peyorativa, además de inexacta: «Señor, sabía que eres exigente, que siegas donde no siembras y recoges donde no esparces, y tuve miedo». Evidentemente, aquí se supone que todo lo que posee el amo lo ha obtenido injustamente, no mediante la creatividad productiva, sino a través de alguna forma innominada de explotación.

Esta nueva actitud antagónica, llena de envidia y defensiva, tiene mucho en común con la visión que nuestra cultura tiene de nuestra economía libre y próspera. Muchos de nuestros contemporáneos señalan con el dedo acusador al experimento económico más productivo y liberal de la historia de la humanidad, condenándolo por extraer riqueza en lugar de crearla; acusándolo, en efecto, de recoger donde no ha sembrado, mientras disfruta de los beneficios de esa abundante cosecha.[43]

Otro punto instructivo de la parábola de los talentos tiene que ver con la seguridad. A lo largo de la historia de la humanidad, la gente ha intentado una y otra vez alcanzar la seguridad perfecta, como hizo el siervo fracasado de esta parábola. Tales esfuerzos han abarcado desde los estados de bienestar grecorromanos hasta las comunas luditas de los años sesenta, pasando por movimientos nacionalistas de diversos tipos y el totalitarismo soviético a gran escala. En no pocas ocasiones, los cristianos han abrazado estos esfuerzos como soluciones moralmente superiores a la inseguridad que asola la existencia humana.

Sin embargo, en la parábola de los talentos, es la virtud del valor ante un futuro desconocido la que se ve recompensada en los dos primeros siervos, que duplicaron las grandes cantidades que se les habían confiado arriesgándolas. El primero negoció los 5 talentos y al hacerlo adquirió 5 más. Para este siervo habría sido mucho más seguro invertir el dinero en el banco y recibir intereses. Pero descubrió una relación de alegría más profunda con su señor, además de conservar tanto lo que se le había confiado como lo que había ganado, gracias a su conocimiento del carácter de él y a su propia confianza.

El primer siervo se enfrentó de forma emprendedora a la incertidumbre, una característica persistente e innegable del mundo. La incertidumbre sobre nuestro futuro sigue siendo una característica inevitable de las circunstancias humanas que debe afrontarse con la virtud del valor, la determinación y la fe. Ésta,

43. Es interesante comparar la actitud de este siervo fracasado hacia su amo con la actitud de Karl Marx hacia el empresariado: «La acumulación de riqueza en un polo es, por tanto, al mismo tiempo acumulación de miseria, agonía de la esclavitud del trabajo, ignorancia, brutalidad, degradación mental, en el polo opuesto, es decir, en el lado de la clase que produce su propio producto en forma de capital». Marx, Karl, *op. cit.*, vol. 1, cap. 25, <https://www.marxists.org/archive/marx/works/1867-c1/ch25.htm>; «La producción capitalista, por lo tanto, desarrolla la tecnología, y la combinación de varios procesos en un todo social, sólo socavando las fuentes originales de toda riqueza: el suelo y el trabajador», Ibídem.

quizá incluso más que su actividad emprendedora, es la verdadera virtud de los dos primeros siervos. El miedo a lo desconocido inmoviliza muy a menudo a las personas. La gente fracasa inevitablemente, pero es cierto que no hay peor fracaso que no intentarlo nunca. Para el creyente, el pecado cardinal de la pereza simplemente no es una opción. Lo que caracteriza al empresario son las virtudes de la fe, la esperanza y la confianza frente a las grandes adversidades y obstáculos —no la codicia—. Mucho antes de saber si sus inversiones o ideas serán rentables, arriesga su tiempo y sus bienes. En muchos casos está dispuesto a arriesgar todo su futuro y el de su familia, pero considera que el riesgo es proporcional a la recompensa potencial. Imagínate lo que debe de ser pagar sueldos mucho antes de tener una idea clara de si ha predicho con exactitud que su negocio acabará siendo rentable. La gente está dispuesta a asumir esos riesgos porque mira al futuro con valentía y sentido de la oportunidad. Están atentos y alertas a nuevos descubrimientos, innovaciones y formas diferentes de hacer las cosas. Piensan con originalidad, en beneficio de todos. En el acto de crear nuevas empresas, estas personas abren alternativas entre las que los trabajadores pueden elegir para ganar salarios, desarrollar habilidades y suministrar productos y servicios necesarios para la mejora humana. Éste es el verdadero significado de *especulación*.

¿Por qué, entonces, los empresarios (como los dos siervos de esta parábola) son tan a menudo castigados como explotadores moralmente inferiores, como egoístas y motivados por la codicia? Por supuesto que algunos inversores están así motivados, al igual que algunas personas en todas las profesiones, incluidas las instituciones religiosas. Y, sin embargo, muchos líderes religiosos hablan y actúan como si el uso que el hombre de negocios hace de sus talentos y recursos naturales para obtener beneficios fuera intrínsecamente inmoral, y como si esa actividad lucrativa sólo pudiera redimirse en la medida en que los beneficios se redistribuyeran de algún modo. La parábola de los talentos debería desengañarnos de esta idea.

El siervo perezoso podría haber evitado su funesto destino, ya fuera simplemente rechazando la oferta del amo, o emulándole en lugar de castigarle y siendo más emprendedor. Resulta intrigante especular cómo se habrían desarrollado los acontecimientos de esta parábola si el siervo se hubiera esforzado por comerciar con el dinero de su amo y hubiera vuelto con menos de un talento. Es difícil imaginar, dada la atmósfera moral de la parábola en su conjunto, que se le hubiera tratado con tanta dureza, ya que, como mínimo, habría trabajado en favor de su señor. Podría haber surgido toda una nueva lección que tranquilizara a los empresarios que, habiendo hecho un esfuerzo de buena fe en su empresa, sin embargo, fracasaron en ella, que no deben verse a sí mismos como fracasados a causa de los caprichos del mercado. Al fin y al cabo, no todos los fracasos son fracasos morales. Pero en lugar de intentarlo y fracasar (o tener éxito), permitió que su miedo y desconfianza hacia el amo, basados tanto en la envidia como en la ilusión, le inmovilizaran. Nunca entendió a su amo.

Las instituciones religiosas, junto con todos aquellos cuya tarea es formar el consenso moral, deberían reconocer el espíritu empresarial como lo que es: una vocación, una vocación que necesita formación, maduración y claridad de misión. La capacidad de tener éxito en los negocios, la bolsa o la banca de inversión es un talento. Al igual que otros dones, puede ser mal dirigido, y no debe ser desperdiciado, sino más bien perfeccionado y utilizado en todo su potencial para la gloria de Dios. Los críticos relacionan con demasiada facilidad la especulación financiera con la avaricia, pero la naturaleza fundamental de la vocación empresarial es especular, del latín, *specere* ('mirar hacia fuera'), centrarse en las necesidades de los clientes; en otras palabras, estar orientado hacia los demás. Para tener éxito, el empresario debe servir a los demás. De hecho, los beneficios obtenidos en una economía libre son un indicio de precisamente eso: satisfacer las necesidades de otros. Si el empresario no sirve a los demás, según la propia evaluación de éstos, no será un empresario de éxito.

La codicia es un peligro espiritual, de hecho, un vicio que nos amenaza a todos, independientemente de nuestra riqueza o vocación. Es un deseo excesivo, desmesurado o insaciable de ganancias y satisfacciones materiales (y a veces no sólo materiales).

Cuando ese deseo excesivo está muy arraigado en el ser de una persona, prevalece sobre todas las demás prioridades, morales y espirituales. Esta parábola no presenta el beneficio como algo injusto, aunque sólo sea porque el primer siervo recibió más que el segundo y el tercero. El mero hecho de obtener un beneficio mediante el uso del talento empresarial no es por ello un deseo desmesurado. Es el empleo adecuado del talento.

A menudo se oye a los líderes religiosos condenar el afán de lucro. En lugar de ello, parecen favorecer diversos tipos de nivelación social y la redistribución de los ingresos en aras de la «igualdad». Promueven la «sanidad universal», un mayor gasto en bienestar social y mayores impuestos para los ricos, todo ello en nombre de la ética cristiana. El objetivo de tales construcciones es el bienestar humano a través de la igualdad, como si las desigualdades que existen entre las personas fueran de alguna manera intrínsecamente injustas e inhumanas. Pero la igualdad no es el mensaje de esta parábola.

El amo confiaba talentos a cada uno de sus siervos según sus capacidades particulares. En realidad, no se trataba de méritos; era un don a secas, una prueba de voluntad y de intensidad de deseo. Tal vez fuera un esfuerzo de tutoría. Es evidente que los tres siervos no fueron tratados «por igual»: uno recibió 5 talentos y otro sólo 1. Sus capacidades también diferían claramente. El que recibió menos no recibe la simpatía del amo por su falta de recursos en comparación con sus compañeros. De hecho, la idéntica —es decir, igual— recomendación a cada uno de los siervos productivos subraya que el amo buscaba una respuesta confiada y creativa a su propia confianza, y no simplemente la cartera de inversión más rentable.

Ciertamente, no podemos deducir, al menos de esta parábola, que la reasignación «equitativa» de los recursos sea una idea buena y moral. Aquí vemos que el hecho de que distintos individuos dispongan de distintos niveles de recursos no es intrínsecamente injusto. Las desigualdades galopantes son un hecho, por la sencilla razón de que siempre hay diferencias entre las personas. Ningún ser humano es exactamente igual a otro. Cada uno de nosotros es distinto, único, irrepetible y, de hecho, precioso por ser tan raro. Un sistema moral es aquel que reconoce tanto esta espléndida diversidad como nuestra igual dignidad y, por ello, permite a cada persona utilizar al máximo sus talentos y perseguir la santidad particular que se encuentra en cada circunstancia concreta. Cada persona posee una vocación que le permitirá emplear las facultades, aptitudes y talentos con los que ha sido dotada. Cada uno está llamado simplemente a ser fiel, no necesariamente a tener éxito, como observó la madre (ahora santa) Teresa de Calcuta.[44]

Puede haber una aplicación práctica de la lección de esta parábola a nuestra propia situación social y económica. En la actualidad, el salario que ganan los trabajadores con su trabajo se grava para mantener a muchos que no trabajan. A menudo oímos que «no hay trabajo» para ellos. ¿Cómo es posible? Donde hay necesidades humanas, siempre hay trabajo que hacer. Un hombre con dos manos puede encontrar trabajo por un dólar la hora, a menos que decida no trabajar. Los políticos que pretenden ayudar a los pobres han conseguido exactamente lo contrario con iniciativas bienintencionadas pero equivocadas —por ejemplo, salarios mínimos elevados que excluyen del mercado laboral a los trabajadores sin experiencia— que ponen el trabajo productivo fuera del alcance de las personas que buscan empleo.

Los incentivos perversos entran en juego cuando se subvenciona a la gente para que no trabaje. La pandemia de 2020 es un ejemplo de ello, cuando se pagó a la gente para que no trabajara, y posiblemente se la incentivó para que no volviera a trabajar hasta cierto punto mediante la ampliación de subsidios excesivamente generosos por encima de los salarios de mercado.[45] Ten

44. Teresa de Calcuta, «Called to profess, not success», *Catholic Life*, 28 de marzo del 2017, <https://catholiclife.diolc.org/2017/03/28/called-to-profess-not-success/>.

45. Holzer, Harry J., R. Glenn Hubbard y Michael R. Strain, «Did pandemic unemployment benefits reduce employment? Evidence from early state-level expirations in june 2021», *NBER Working Paper Series*, National Bureau of Economic Research, diciembre de 2021, <https://www.nber.org/system/files/working_papers/w29575/w29575.pdf>; Ganong, Peter *et al.*, «Micro and Macro Disincentive Effects of Expanded Unemployment Benefits», julio 29,

en cuenta que no se trata de si debemos ayudar a las personas necesitadas, sino más bien de los problemas creados por una «cantidad» de ayuda que se dirige de una manera que desincentiva a las personas a volver a trabajar. A finales de 2021, los debilitados propietarios de empresas eran incapaces de encontrar trabajadores a los que emplear. Si lo dudas, pregúntale al dueño del restaurante de tu barrio. Dios llama a todas las personas a utilizar los talentos que se les han dado, y en cualquier circunstancia en que se encuentren, para beneficiar al mundo y a sus semejantes. Sin embargo, en nombre de la caridad y con todo tipo de buenas intenciones, nuestro sistema de asistencia social tan a menudo en realidad alienta a las personas a dejar que sus habilidades naturales creativas y de resolución de problemas se atrofien, impidiéndoles incluso descubrir sus talentos.

No importa si estas políticas se financian con fondos públicos o privados: cualquier tipo de asistencia indiscriminada que no discierna la necesidad o capacidad humanas más profundas puede inhibir el desarrollo humano integral. Cuando las instituciones no actúan como prójimas de los necesitados, y en su lugar actúan con una mentalidad materialista o «burocrática», están fomentando el pecado.[46]

La parábola de los talentos implica que la inactividad voluntaria —o, en este caso, el despilfarro del talento empresarial— tiene consecuencias. Al fin y al cabo, el humilde siervo no despilfarró el dinero de su señor; se limitó a esconderlo en la tierra, algo totalmente permitido por la ley rabínica de la época.

Otra dimensión notable de esta historia es la severidad de la reacción del amo ante la indolencia del siervo improductivo. Lo llama «malo y perezoso» y lo destierra a las «tinieblas exteriores», donde habrá «llanto y rechinar de dientes». Al parecer, no es sólo la pereza del siervo lo que hace caer tal ira sobre su cabeza, sino su intento de defender su pereza culpando al amo.

2021, <https:// www.jpmorganchase.com/content/dam/jpmc/jpmorgan-chase-and-co/institute/pdf/when-unemployment-insurance-benefits-are-rolled-back-paper.pdf>.

46. Juan Pablo II, *op. cit.*

Como hemos visto, su excusa para no invertir el dinero puesto a su disposición es que su amo es duro y exigente, cuando en realidad puso a su disposición recursos muy generosos. De hecho, la fuente de la generosidad, el amo, no es la raíz del problema del siervo, como resume sucintamente el biblista John Meier: «Por miedo al fracaso, se ha negado incluso a intentar tener éxito».[47]

Sorprendentemente, también puede haber aquí una lección de macroeconomía. El maestro emprende este viaje dejando atrás un total de ocho talentos; a su regreso, el total se ha convertido en quince. Está claro que no se trata de un juego de suma cero. La ganancia de una persona no tiene por qué ser a costa de otra. El éxito del primer siervo no impide las perspectivas del tercero. Esto también es cierto en la economía actual. Al contrario de lo que se predica desde muchos púlpitos, el éxito de los prósperos no tiene por qué producirse a expensas de los pobres.

Si el siervo más exitoso hubiera dañado o robado a otros para obtener su ganancia, es dudoso que el amo lo hubiera elogiado. Un uso inteligente de los recursos en la inversión y el ahorro a interés no sólo beneficia al individuo, sino que también tiene un efecto socioeconómico. Es la «marea creciente que levanta todos los barcos», del presidente John F. Kennedy.

Esta esclarecedora historia, sorprendente e incluso alarmante en sus conclusiones, es una alegoría de la fidelidad al reino y un comentario sobre el papel de la voluntad personal en su consecución. Pero las implicaciones se extienden a toda la vida, y son aplicables a todas las personas. Todos estamos llamados a ser emprendedores, a asumir riesgos prudentes y a cultivar nuestros dones para contribuir a la abundancia que experimentamos nosotros y el mundo entero. Estamos llamados a ser valientes. Esto forma parte de lo que significa ser plenamente humano. La parábola de los talentos ilustra el potencial de una economía libre y

47. Meier, John P., *Un judío marginal: nueva visión del Jesús histórico*, Verbo Divino, Estella-Lizarra, 1998. Para un buen análisis del fracaso del tercer servidor, véase Snodgrass, Klyne, *Stories with intent: A comprehensive guide to the parables of Jesus*, William B. Eerdmans, Estados Unidos, 2008, p. 532.

virtuosa en todo el mundo, que extendería la riqueza del mundo desarrollado a las naciones que aún están en vías de desarrollo.

No intentarlo siquiera es otra forma de no reconocer la recepción del don en primer lugar. Lo que se necesita es un grupo de personas emprendedoras en las dimensiones moral, espiritual y material por igual, que afronten el futuro incierto con valentía y fe, reformando sus propias vidas al tiempo que reforman y mejoran el mundo que las rodea. Entonces, cuando el maestro regrese, se nos juzgará por nuestra fidelidad.

8

El rey que va a la guerra

> Así, ¿quién de vosotros, si quiere construir una torre, no se sienta primero a calcular los gastos, a ver si tiene para terminarla? No sea que, si echa los cimientos y no puede acabarla, se pongan a burlarse de él los que miran, diciendo: «Este hombre empezó a construir y no pudo acabar». ¿O que rey, si va a dar la batalla a otro rey, no se sienta primero a deliberar si con diez mil hombres podrá salir al paso del que lo ataca con veinte mil? Y si no, cuando el otro está todavía lejos, envía legados para pedir condiciones de paz. Así pues, todo aquel de entre vosotros que no renuncia a todos sus bienes no puede ser discípulo mío. (Evangelio de san Lucas 14, 28-33)

La parábola del rey que va a la guerra constituye una admonición a la prudencia del cálculo, que también podría describirse como discernimiento o deliberación. La palabra *cálculo* ha adquirido una connotación negativa en ciertos contextos, como cuando nos referimos a alguien como «calculador» en las relaciones personales, lo que implica que esa persona es manipuladora, es decir, que carece de claridad, transparencia y sinceridad en el trato con los demás. Una persona calculadora tiene un objetivo en mente; está maquinando para su propio beneficio. El cálculo que se enseña en esta parábola, por el contrario, es la consideración deli-

Xilografía de la Torre de Babel, grabador desconocido, Museo Británico.

berada del coste del discipulado cristiano. Este tipo de cálculo permite un compromiso profundo. La parábola ofrece una respuesta sorprendente al cálculo que cada discípulo potencial debe hacer: el coste es todo. Hay que entregarlo todo. No basta con medias tintas. No tiene sentido quedarse a mitad de camino y dar marcha atrás. Es mejor no haber empezado nunca. O lo hacemos «todo», como dice la expresión, o lo dejamos todo.

Esta parábola es un gran ejemplo de cómo Jesús nos introduce en la historia que nos está contando con algo muy familiar de la vida cotidiana. Después de todo, ¿cuántos estudiantes empiezan la universidad y no la terminan? ¿Cuántos propietarios de viviendas comienzan proyectos de reparación y luego los abandonan antes de terminarlos, a menudo dejando un desastre mayor que cuando empezaron? Abundan los casos de gente que «tira el dinero bueno por el malo». Estos casos pueden ser educativos *a posteriori*, pero no tenemos resultados que mostrar. Una tarea que se define por su finalización es una tarea que debe asumirse de principio a fin. Antes de comenzar un proyecto, pues, tenemos que prepararnos con una estimación de costes y una consideración sobre si realmente deseamos comenzarlo o comenzarlo en ese momento, y luego tenemos que tener la virtud de la perseverancia o constancia para llevarlo hasta el final. La parábola, pues, pretende ser una advertencia al discípulo: esta lucha va a ser dura y larga. Si no estamos dispuestos a llegar hasta el final, no deberíamos empezar.

El mundo de la economía también ejemplifica este principio. La transición de sociedades enteras de la pobreza a la prosperidad a través del desarrollo y la producción se produce a lo largo del tiempo, no instantáneamente. Los seres humanos tienen una capacidad de planificación que supera con creces a la de los animales. Podemos pensar a corto y largo plazo. Podemos contemplarnos a nosotros mismos; de hecho, podemos contemplar nuestra propia contemplación. Podemos intercambiar ganancias a corto plazo por una ganancia a largo plazo que las supere. Podemos elegir contraer deudas en el presente que prevemos pagar con flujos de ingresos futuros. Estas notables capacidades a menudo explican el progreso y la mejora humanos.

Nuestra capacidad de proyectar y planificar nos permite crear estructuras complejas de producción y construcción que se extienden durante años e incluso generaciones en el futuro. Pensemos en el hecho de que uno de los arquitectos originales de la basílica de San Pedro de Roma, Donato Bramante, murió aproximadamente un siglo antes de que se terminara su obra maestra. La producción de mercado también requiere la capacidad y la resistencia para planificar con antelación, lo que significa anticiparse a lo esperado y a lo imprevisto. Es la capacidad de ver la realidad de algo antes incluso de que exista. Es a la vez una responsabilidad y una carga, como ilustra esta parábola.

La parábola del rey que va a la guerra nos conecta con la tradición de la guerra justa, que exige, entre otros criterios, una perspectiva de éxito: Si una nación no tiene una probabilidad razonable de éxito en la batalla, se juzgaría que sus líderes actúan inmoralmente si envían a sus hombres a la muerte. Debe haber algo más que una posibilidad de ganar, debe haber una buena perspectiva.

Ésta es sólo una de las numerosas críticas que exigen un discernimiento o un cálculo adecuado para emprender una guerra justa, pero es especialmente loable.[48]

El postulado que nos ocupa destaca por su virtud, ya que se basa en una opción por la paz. Si un país no puede ganar, es mejor llegar a un acuerdo a través de la diplomacia. Los hombres de Estado no deben embarcarse en temerarias aventuras imperiales. Los gobernantes sabios que no quieren malgastar dinero ni vidas de soldados buscan la paz. Un buen cálculo es aún más crítico cuando hay mucho en juego y las consecuencias de uno erróneo pueden ser extremas.

El caso del rey viene después de un ejemplo más corriente y quizá más accesible de un hombre que decide construir una torre en su viñedo. Probablemente se trataba de algún tipo de torre de vigilancia y, como tal, una especie de bien de lujo que no estaba al alcance de todos los propietarios de viñedos. El propietario

48. *Catechism of the Catholic Church*, Ciudad del Vaticano, <http://www.vatican.va/archive/ENG0015/_P81.HTM>.

decidió construirla, pero tenía unos ingresos modestos y se vio incapaz de terminarla, malgastando recursos y convirtiéndose en objeto de burla.

Tanto la parábola de la torre como la parábola del rey que va a la guerra abordan el tema de los proyectos incompletos y la necesidad de una planificación inteligente. Por ello son especialmente interesantes desde el punto de vista de la economía, en la medida en que tienen implicaciones para una cuestión que preocupa al sector comercial: los momentos en que las inversiones se tuercen, es decir, las recesiones y los fracasos empresariales. Se hacen planes, se sueña, se invierte dinero, se inician proyectos, se acuerdan contratos y se contemplan ampliaciones, pero entonces se produce un giro imprevisto de los acontecimientos. Los planes se frustran, el dinero se pierde, los proyectos se abandonan y la producción retrocede. A veces, el resultado es la quiebra.

Estas quiebras empresariales pueden producirse a nivel microeconómico, cuando a un individuo le va mal, o a nivel macroeconómico, cuando toda una economía se hunde y las empresas quiebran en su conjunto. En el primer caso, los fracasos empresariales pueden ser el resultado de un gasto excesivo o de una falta de comprensión del mercado. Esto puede ocurrir a veces por pura irresponsabilidad, pero también puede ser el resultado de un análisis inadecuado, un conocimiento incompleto o un cambio en los gustos de los consumidores.

Para el empresario, el futuro es siempre incierto. Es raro que todos los recursos estén disponibles de antemano para completar todos los proyectos en curso. La mayoría de las empresas de nueva creación fracasan no por falta de una idea sólida, sino por falta de recursos que permitan al empresario superar las primeras y más arriesgadas etapas de su empeño y pasar a las posteriores de obtención de ingresos. Puede que no haya tiempo suficiente para reunir o producir recursos suficientes. El flujo de ingresos de la empresa debe proporcionar los fondos para lograr la rentabilidad a largo plazo. Si esos ingresos se agotan —algo que puede ocurrir por muchas razones—, el proyecto debe abandonarse. Desde la perspectiva de un pastor, vale la pena decir que no hay nada de qué avergonzarse en el fracaso de un negocio como tal. Una tienda que sirve al público durante un tiempo, obteniendo beneficios como resultado, es un esfuerzo encomiable. Pero dejar de ser rentable no dice nada negativo sobre los éxitos reales del pasado, no los anula. Sólo habla del presente.

Consideremos un caso más desconcertante: una recesión en toda la economía, cuando muchas empresas quiebran a la vez. Puede ser el resultado de un desastre natural, como una tormenta o una plaga. En las economías modernas suele deberse a una serie de malas decisiones entre una clase interconectada de inversores, a menudo como resultado de haber recibido señales falsas. Estos inversores pueden imaginar un futuro brillante con una creciente demanda de los consumidores y una plétora de capital disponible, pero a veces las circunstancias cambian y ni la demanda ni el capital resultan ser tan abundantes como preveían.

La mayoría de las empresas invierten a crédito. Esto significa que piden dinero prestado contra un flujo de ingresos futuros. Cuánto les cuesta pedir dinero prestado depende del tipo de interés, que a su vez se corresponde con la tasa de beneficio, que a su vez se apoya en la tasa de ahorro. Para tener éxito, los empresarios tienen que tener presente esta triple secuencia y hacer los cálculos necesarios en cada nivel. La conclusión es que el ahorro es un requisito previo necesario para la inversión, incluso cuando ésta se realiza a crédito. La capacidad y los medios para invertir deben proceder de alguna parte. No se puede prestar, ni siquiera regalar, algo que no se ha producido primero.

Dado que el tipo de interés refleja la tasa de ahorro, los inversores tienen una idea bastante aproximada de la cantidad de recursos de los que dispondrán en el futuro para adquirir sus productos acabados. También conocen el volumen de ahorro del que disponen para respaldar su línea de crédito. Toda esta información se transmite a través de la tasa de ahorro y de crédito. Cuando estas señales son erróneas —como cuando un banco central manipula la oferta de crédito— los inversores pueden invertir demasiado y hacerlo demasiado pronto y verse incapaces de seguir adelante. La capacidad de calcular con fiabilidad los costes y riesgos reales de la inversión se ve enormemente oscurecida y complicada por este tipo de interferencias.

En lo que los economistas llaman «el ciclo económico», el sector de la inversión se infla como una burbuja. Los bajos tipos de interés tientan a las empresas a pedir grandes préstamos con la esperanza de obtener beneficios más adelante. Pero los recursos para completar el viaje resultan ser ilusorios. Las inversiones posteriores deben reducirse porque los recursos no están disponibles para respaldarlas. Algunos ejemplos de esta dinámica son el inicio de la Gran Depresión en 1929, el estallido de la burbuja de las puntocom a finales de la década de 1990 y la quiebra inmobiliaria y posterior quiebra financiera de 2008. Es instructivo ver cómo este fenómeno, reconocido por los economistas sólo en los tiempos modernos, hace su aparición en esta parábola de Jesús.

La parábola también subraya un punto fascinante sobre la «estructura temporal» de la producción. Los bienes y servicios no aparecen en el mercado en un día o una semana. La producción y comercialización incluso del artículo más sencillo requiere una enorme cantidad de planificación. Hay que comprar materias primas, adquirir bienes de capital, contratar mano de obra y planificar la comercialización del producto. Todo esto debe suceder antes de que el consumidor pueda comprar un solo producto final. Que un bien o servicio sea rentable, y en qué medida, está totalmente en manos de los consumidores, en su calidad de decisores que compran o dejan de comprar en función de sus propias necesidades subjetivas. Son las decisiones futuras de los consumidores las que el empresario debe calcular en todos los niveles de la estructura comercial.

Es evidente que la producción en una economía de mercado requiere buen juicio, planificación a largo plazo, cálculo y discernimiento. También requiere información fiable e inteligencia. No se trata en absoluto de un concurso de «perro-come-perro» de consumismo y avaricia desatados, como tan a menudo se caracteriza popularmente. Es una compleja matriz de intercambio que se extiende a toda la población, productores y consumidores por igual, una matriz caracterizada por la cooperación, la planificación y el juicio. Y el elemento temporal de la producción, a medida que se desarrolla este proceso, requiere tanta planificación y coordinación como cualquier otro aspecto. Es un equilibrio delicado, cuidadosamente calibrado por la planificación individual que, como hemos visto, depende de señales fiables del mercado que, a su vez, se basan en la información revelada en el libre intercambio y la cooperación. Cuando se obstaculiza el libre mercado y los intercambios se basan en cosas distintas de las elecciones libres de los interlocutores, esas señales se distorsionan, provocando descoordinación y despilfarro.

¿Hay personas más emprendedoras que otras? Desde luego. La división del trabajo se aplica aquí como en cualquier otra parte de la sociedad. Las personas que se comportan como el tonto propietario de un viñedo o como el rey que va a la guerra no durarán mucho en el mercado. Su mal juicio les saldrá caro, con pérdidas insostenibles. Por otra parte, el mercado recompensa a quienes hacen buenos juicios sobre el futuro y planifican en consecuencia. En cierto sentido, los empresarios a veces tienen que vender todo lo que tienen para sacar adelante su empresa. Las empresas familiares, en particular, son a veces mucho más costosas de lo que la gente espera. Llevan mucho tiempo y a menudo requieren incluso hipotecar la casa familiar y echar mano de los ahorros para la jubilación.

Antes de lanzarse a cualquier emprendimiento, una persona debe examinar no sólo los costes iniciales, sino también los costes a largo plazo. Tendrá que mirar no sólo los gastos de hoy y los medios que tiene para pagarlos, sino lo que le costará alcanzar el objetivo final. Tendrá que aceptar el hecho de que el proyecto empresarial emprendido exige sacrificios.

Todo esto debería inspirar un respeto por los empresarios de éxito más profundo del que es general en nuestra cultura. Los empresarios ayudan en el proceso de producción, elevan el nivel de vida, impulsan el crecimiento económico y ahorran recursos. Hay que evitar las políticas que fomentan la miopía, como los impuestos elevados, las normativas inmovilizadoras y la expansión del crédito, porque confunden y oscurecen las señales del mercado necesarias para discernir las condiciones adecuadas para la inversión.[49] Debemos hacer todo lo posible para permitir-

49. Para un análisis clásico sobre por qué los sistemas económicos socialistas

nos pensar con claridad en las implicaciones a largo plazo de todo lo que hacemos.

Al llamar la atención sobre la necesidad de discernir el coste del discipulado, Jesús nos recuerda que debemos elegir bien las inversiones que hacemos. Como la magnitud de la pérdida potencial es infinitamente mayor, el discernimiento necesario para la inversión es también infinitamente mayor, porque, por supuesto, las consecuencias son eternas. Cristo pide la inversión definitiva.

Por supuesto, lo que podríamos llamar la «economía del discipulado» debe trascender incluso el tipo de sacrificio y entrega que hacen los empresarios emprendedores por el bien de sus familias, empleados y consumidores. Cuando el evangelista Lucas cita a Cristo pidiendo al joven rico que renuncie a todos sus recursos, no puede tratarse de una exigencia universal del discipulado, dado el ejemplo que el propio Lucas ofrece apenas cuatro capítulos después, al relatar el ejemplo del rico recaudador de impuestos Zaqueo, cuya declaración de que «la mitad» —no la totalidad— «de mis bienes se la doy a los pobres; y si he defraudado a alguno, le restituyo cuatro veces más» es aprobada por las palabras de Jesús: «Hoy ha sido la salvación de esta casa, pues también éste es hijo de Abrahán. Porque el Hijo del Hombre ha venido a buscar y a salvar lo que estaba perdido» (Lucas 19, 1-10).[50] Cristo está llamando a la gente a algo mucho más radical que simplemente vaciar sus cuentas bancarias; está llamando a la entrega del corazón del discípulo. Todo lo demás se deriva de ello.

Todo lo que vale la pena tener requiere sacrificio; nuestro propio aprecio por las comodidades de que disfrutamos hoy puede producir una gran recompensa proporcional a nuestra inversión. Para ver eso hace falta visión. Conseguirlo requiere valor y compromiso.

---

hacen imposible el cálculo económico, véase Mises, Ludwig von, *El socialismo: análisis económico y sociológico*, Unidad Editorial, Madrid, 2003, donde resume sucintamente su argumento: «Donde no hay mercado, no hay sistema de precios, y donde no hay sistema de precios no puede haber cálculo económico».

50. Véase mi análisis al respecto en el epílogo de este libro.

9

La casa construida sobre roca

El que escucha estas palabras mías y las pone en práctica se parece a aquel hombre prudente que edificó su casa sobre roca. Cayó la lluvia, se desbordaron los ríos, soplaron los vientos y descargaron contra la casa; pero no se hundió, porque estaba cimentada sobre roca. El que escucha estas palabras mías y no las pone en práctica se parece a aquel hombre necio que edificó su casa sobre arena. Cayó la lluvia, se desbordaron los ríos, soplaron los vientos y rompieron contra la casa, y se derrumbó. Y su ruina fue grande. (Evangelio de san Mateo 7, 24-27)

¿Por qué me llamáis «Señor, Señor», y no hacéis lo que digo? Todo el que viene a mí, escucha mis palabras y las pone en práctica, os voy a decir a quién se parece: se parece a uno que edificó una casa: cavó, ahondó y puso los cimientos sobre roca; vino una crecida, arremetió el río contra aquella casa, y no pudo derribarla, porque estaba sólidamente construida. El que escucha y no pone en práctica se parece a uno que edificó una casa sobre tierra, sin cimiento; arremetió contra ella el río, y enseguida se derrumbó desplomándose, y fue grande la ruina de aquella casa. (Evangelio de san Lucas 6, 46-49)

En este capítulo examinaremos dos versiones de lo que parece ser esencialmente la misma parábola, aunque con detalles diferentes y dirigida a públicos distintos. Los estudiosos de las Escrituras han investigado con gran detalle las fuentes de las que Mateo y Lucas extrajeron sus parábolas y el significado de las diferencias entre los relatos evangélicos. Sin embargo, para nuestro propósito más limitado, que es abordar los supuestos económicos, la sabiduría y la perspicacia que ofrecen estas parábolas, no necesitamos demorarnos en esos detalles, por intrigantes e importantes que sean para cualquier comprensión completa de la Biblia. Aquí, en cambio, nos centraremos en lo que tienen en común los relatos de Mateo y Lucas.

La moraleja que comparten las versiones de la parábola tanto en Mateo como en Lucas es una lección de estabilidad ante la adversidad, y una advertencia para asegurar los cimientos del edificio que uno construye. La alusión teológica aquí es al juicio final, y a si los cimientos sobre los que hemos construido lo resistirán o no.[51] Escuchar la verdad no es suficiente. No basta con oírla, hay que obedecerla, hay que ponerla en práctica. Eso es lo que asegura a una persona en tiempos difíciles. Una casa construida sobre arena puede parecer sólida, pero cuando llegan las tormentas, se revela la verdad. Sólo sobreviven los que están construidos sobre roca.

Estas imágenes hablan directamente de nuestra propia experiencia y conocimiento. Nos advierten de la insensatez de los planes mal concebidos. Nos evocan imágenes inolvidables de comportamientos sabios e insensatos. Nos hacen imaginar, pensar, reflexionar y aplicar estas lecciones a nuestras propias vidas. Dado que el comercio nos afecta a todos en nuestra vida cotidiana, es precisamente del comercio y de su contexto de donde se extraen muchas de las lecciones de las parábolas.

Estas dramáticas parábolas nos piden específicamente que consideremos la construcción de la vivienda, que, junto con la comida y el vestido, es esencial para la supervivencia humana. Se trata de una necesidad transcultural de protegerse de los ele-

51. Joachim Jeremias, *op. cit.*, p. 153.

mentos y un problema que se ha planteado en todas las épocas y en todos los lugares, y que se planteará en todas las épocas y lugares venideros. Ésta es una de las razones por las que la historia es tan cercana. Cuando nos mudamos a una nueva ciudad, nos enfrentamos al problema de la vivienda. Hay que tomar decisiones: ¿Comprar o alquilar? ¿En qué parte de la ciudad vivir? ¿De qué tamaño? ¿Cuánto gastar? ¿Cómo son los colegios de la zona y a qué distancia están? ¿Cuál es la distancia entre la residencia y el lugar de nuestro trabajo, etcétera? La construcción de la casa también es fundamental para establecer su valor, por eso contamos con inspectores y corredores de seguros que investigan con detenimiento. Una mala construcción hace vulnerable la inversión.

La historia de los constructores sabios y necios nos da una idea de los conocimientos técnicos de Jesús sobre la construcción de casas, una habilidad que, curiosamente, no era muy diferente del oficio de carpintero. En el mundo antiguo, algunas personas construían sus propias casas, pero para que éstas fueran sólidas sin duda contrataban su construcción, aunque la división general del trabajo aún no hubiera madurado del todo. Hoy podemos vivir en una casa adecuada y bien construida, aunque poseamos pocas de las habilidades necesarias para la construcción, como la fuerza y la resistencia físicas, la comprensión de cómo tomar medidas exactas, el conocimiento de cómo encajar las cosas para que soporten peso de forma fiable, etcétera. Podemos «superarlas». Hoy en día podemos «superar» estas habilidades; sin duda, en el siglo I habría sido mucho más necesario dominarlas.

La construcción de una casa es también una cuestión de tiempo y recursos, y hay que hacer concesiones: ¿Construir una casa con la vista puesta en la rapidez, echando raíces en un terreno de condiciones poco ideales? ¿O hay que buscar el mejor lugar posible, donde la construcción pueda protegerse de las contingencias meteorológicas y del paso del tiempo?

La idea de una estructura sólida con cimientos firmes es, por supuesto, una metáfora de nuestra vida espiritual y moral. Con esta metáfora, Jesús se refiere a la seguridad de conocerle como

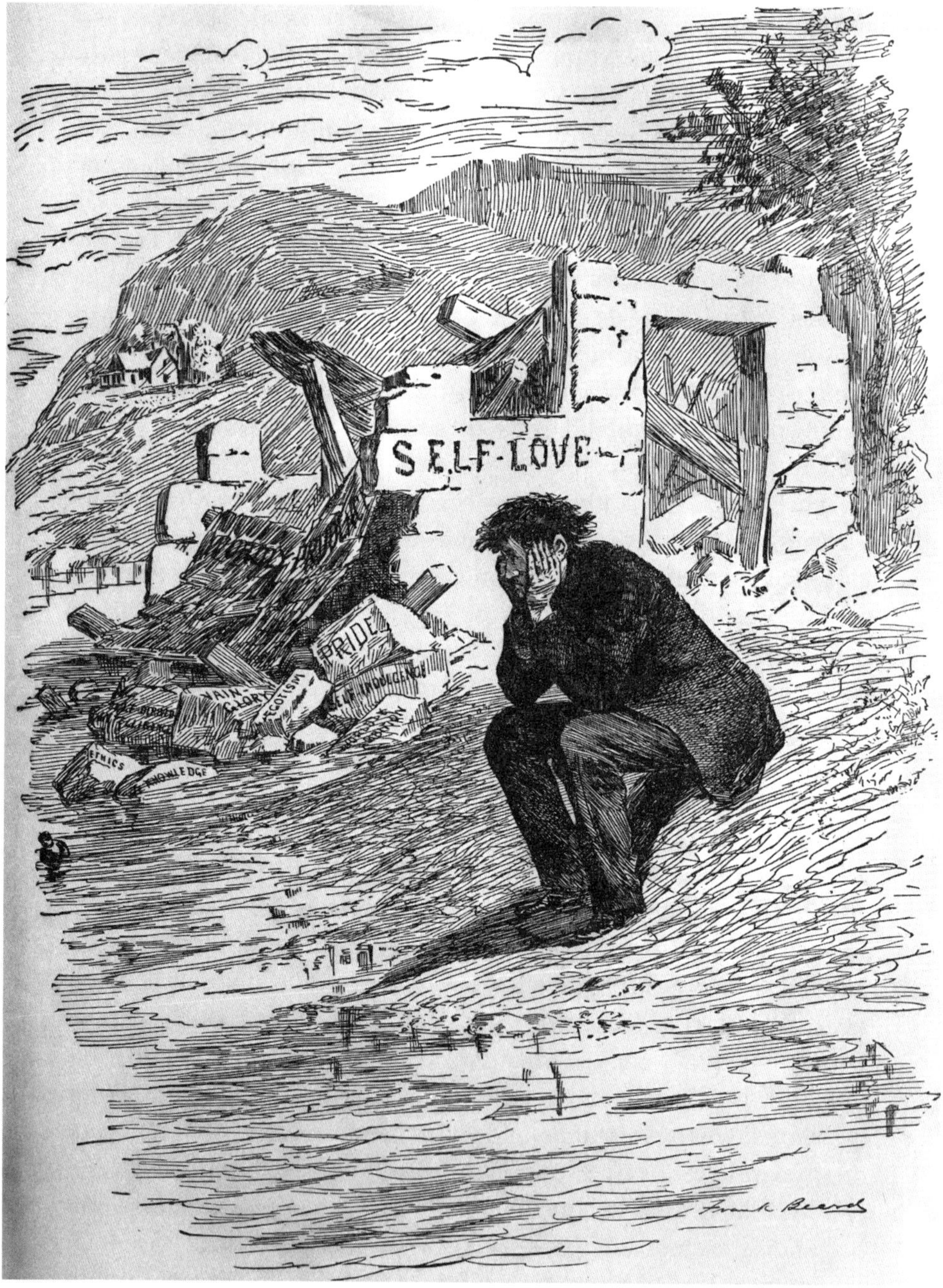

Construyó sobre la arena, de «Blasts», de The Ram's Horn, Frederick L. Chapman & co.

la «roca» sobre la que descansa nuestra fe (1 Corintios 10, 4). En un plano menos trascendente, entra en juego la economía, que también informa nuestra espiritualidad. Al fin y al cabo, ambas son opciones entre la conveniencia y el valor a largo plazo. Imaginemos que existiera un mercado activo de viviendas. Los compradores tendrían todos los incentivos para descubrir lo bien construida que está realmente la casa. Unos cimientos débiles perjudicarían su valor a largo plazo.

Esto es tan cierto para los propietarios como para el valor de la casa para la comunidad en su conjunto. Recuerdo que en una ciudad del Medio Oeste había una hermosa vivienda de dos plantas construida hace un siglo en un precioso estilo victoriano. Brillaba con su pintura blanca y su tejado estaba recién embaldosado. Su cuidado patio estaba rodeado por una encantadora valla a juego con su estilo. El interior era igual de bonito. Era un lugar grande, en una propiedad amplia, cuidada con cariño. Era una casa admirada por todos.

Un día salió al mercado y, como era de esperar, a un precio muy alto, apropiado para su gran distinción. Tenía belleza, antigüedad y gracia. ¿Quiénes serían los afortunados compradores? Es cierto que su precio era el más alto del mercado, pero nadie dudó ni por un momento de que los propietarios conseguirían el precio que pedían.

Entonces llegaron los inspectores, especialistas en examinar los detalles de la construcción. Trabajaban para los posibles compradores. El informe de los inspectores era desalentador; se reducía a dos palabras: «cimientos agrietados». Si conoces las casas, sabes lo que eso significa. Incluso si los próximos propietarios pudieran vivir con la casa sobre unos cimientos agrietados, se enfrentarían a un mercado escéptico en el futuro y nunca recuperarían su inversión. En algún momento, la casa se derrumbaría. No tiene sentido gastar dinero de esta manera. Sería, en efecto, tirar el dinero. Sería una tontería. Aquí se ve claramente el valor de unos cimientos sólidos y fiables.

¿Qué pasó con el valor de esa casa? El valor futuro se imputa al presente, es decir, el precio por el que podría venderse en el futuro ayuda a determinar el precio de venta actual. El precio de venta pasó a ser esencialmente no superior al valor del terreno. Todo esto sucedió en lo que pareció un instante. En lugar de venderse a un precio elevado, la casa acabó vendiéndose por lo que habría costado sólo el terreno. Podría haber sido habitada durante un tiempo, pero fue derribada y se construyó una nueva en su lugar. Todo esto ocurrió por algo que nadie pudo ver. Todas las renovaciones, toda la pintura, toda la atención cuidadosa a la cosmética no pudieron superar esos cimientos agrietados.

Esto subraya el hecho de que nuestra parábola no trata sólo de cómo el tiempo afecta a la construcción de un edificio. Llega al corazón de lo que es valioso, tanto en el aquí y ahora de una economía de mercado como en el sentido trascendente y eterno; en el presente y en el futuro. Por mucho tiempo que se dedique a embellecer el exterior de un edificio, o por mucho que se anuncie y promocione, o por perfecto que sea el paisajismo, una casa que no tenga bien los fundamentos es una casa que no tiene valor a largo plazo. Los productos de mala calidad acaban por descubrirse. La realidad es así.

Hay aquí importantes lecciones económicas y morales ineludibles para inversores y empresarios. Buscar el dinero rápido no suele ser la mejor decisión empresarial a largo plazo. Una inversión inicial de tiempo y dinero puede reportar mayores beneficios a largo plazo. El uso de recursos adicionales al principio de un proyecto suele evitar disgustos y pérdidas económicas más adelante.

Una economía moderna puede concebirse como un proceso de construcción o edificación. Dados todos los recursos que tenemos a nuestra disposición, aún nos enfrentamos a la decisión de cómo utilizarlos sabiamente. Haríamos bien en emular el modelo del sabio constructor de esta parábola, que encuentra un terreno que constituye una base sólida sobre la que construir. Y no sólo porque nos interese proteger nuestra propiedad, nuestra reputación y el valor creado por nuestro trabajo. También hay un efecto más amplio y de mayor alcance: a toda la sociedad le interesa que planifiquemos sabiamente. A medida que cada uno de nosotros trabaje con prudencia, juntos veremos aumentar el valor de todos los recursos con el paso del tiempo. Al construir sobre roca y no sobre arena, contribuimos a una prosperidad duradera.

La moraleja y la dimensión trascendentes de esta parábola son claras. Las apariencias engañan. Si queremos tener un futuro sólido y fiable, la solidez de nuestra fe debe estar en la base misma de nuestra vida, de todos nuestros pensamientos, palabras y obras. Debemos prestar atención a los cimientos para asegurar el futuro. La relación informativa entre la vida comercial de esta parábola y su importancia espiritual es rica y valiosa y nos muestra cómo entrelazar a la perfección nuestras capacidades técnicas con nuestros objetivos trascendentes.

10

Lección en administración

Y el Señor dijo: «¿Quién es el administrador fiel y prudente a quien el señor pondrá al frente de su servidumbre para que reparta la ración de alimento a sus horas? Bienaventurado aquel criado a quien su señor, al llegar, lo encuentre portándose así. En verdad os digo que lo pondrá al frente de todos sus bienes. Pero si aquel criado dijere para sus adentros: "Mi señor tarda en llegar", y empieza a pegarles a los criados y criadas, a comer y beber y emborracharse, vendrá el señor de ese criado el día que no espera y a la hora que no sabe y lo castigará con rigor, y le hará compartir la suerte de los que no son fieles. El criado que, conociendo la voluntad de su señor, no se prepara ni obra de acuerdo con su voluntad, recibirá muchos azotes; pero el que, sin conocerla, ha hecho algo digno de azotes, recibirá menos. Al que mucho se le dio, mucho se le reclamará; al que mucho se le confió, más aún se le pedirá». (Evangelio de san Lucas 12, 42-48)

¿Quién es el criado fiel y prudente, a quien el señor encarga de dar a la servidumbre la comida a sus horas? Bienaventurado ese criado, si el señor, al llegar, lo encuentra portándose así. En verdad os digo que le confiará la administración de todos sus bienes. Pero si dijere aquel mal siervo para sus adentros: «Mi señor tarda en llegar», y empieza a pegar a sus compañeros, y a comer y a beber

> con los borrachos, el día y la hora que menos se lo espera, llegará el amo y lo castigará con rigor y le hará compartir la suerte de los hipócritas. Allí será el llanto y el rechinar de dientes. (Evangelio de san Mateo 24, 45-51)
>
> Decía también a sus discípulos: «Un hombre rico tenía un administrador, a quien acusaron ante él de derrochar sus bienes. Entonces lo llamó y le dijo: "¿Qué es eso que estoy oyendo de ti? Dame cuenta de tu administración, porque en adelante no podrás seguir administrando". El administrador se puso a decir para sí: "¿Qué voy a hacer, pues mi señor me quita la administración? Para cavar no tengo fuerzas; mendigar me da vergüenza. Ya sé lo que voy a hacer para que, cuando me echen de la administración, encuentre quien me reciba en su casa". Fue llamando uno a uno a los deudores de su amo y dijo al primero: "¿Cuánto debes a mi amo?". Éste respondió: "Cien barriles de aceite". Él le dijo: "Toma tu recibo; aprisa, siéntate y escribe cincuenta". Luego dijo a otro: "Y tú, ¿cuánto debes?". Él dijo: "Cien fanegas de trigo". Le dice: "Toma tu recibo y escribe ochenta". Y el amo alabó al administrador injusto, porque había actuado con astucia. Ciertamente, los hijos de este mundo son más astutos con su propia gente que los hijos de la luz. Y yo os digo: ganaos amigos con el dinero de iniquidad, para que, cuando os falte, os reciban en las moradas eternas. El que es fiel en lo poco también en lo mucho es fiel; el que es injusto en lo poco también en lo mucho es injusto. Pues, si no fuisteis fieles en la riqueza injusta, ¿quién os confiará la verdadera? Si no fuisteis fieles en lo ajeno, lo vuestro, ¿quién os lo dará? Ningún siervo puede servir a dos señores, porque, o bien aborrecerá a uno y amará al otro, o bien se dedicará al primero y no hará caso del segundo. No podéis servir a Dios y al dinero». (Evangelio de san Lucas 16, 1-13)

Estas tres perícopas de los evangelios de Mateo y Lucas nos brindan la oportunidad de reflexionar sobre algunas dimensiones variadas de la administración y la responsabilidad encomendada, desde perspectivas tanto negativas como positivas. La sorprendente similitud de los relatos de Mateo y Lucas sobre la parábola del administrador fiel nos permite considerar conjuntamente las dos versiones. Las comparaciones entre la parábola del mayordomo expectante de Lucas, la muy similar parábola del siervo fiel de Mateo y la parábola del mayordomo injusto, también de Lucas, y las especulaciones sobre el uso de fuentes comunes intrigan a los estudiosos de la Biblia, como debe ser. Pero dado nuestro propósito más limitado aquí, daremos un paso atrás de estos detalles y miraremos el panorama general, para determinar qué lecciones se pueden aprender o qué comparaciones se pueden establecer con el mundo de las finanzas y de la economía.[52]

Las tres parábolas son historias sobre la fidelidad: el amo de una casa confía sus bienes a un siervo principal. El siervo fiel cumple con la confianza depositada en él, mientras que el infiel se aprovecha de la situación y se entrega a algunas acciones atroces: gula y soberbia o, en el caso del mayordomo injusto, explotación descarada y astuta de los bienes del amo. En la embriaguez y el abuso físico de los otros siervos, vemos dos comportamientos comunes de las personas que se imaginan que no tienen que rendir cuentas. Devoran la riqueza y se entregan a relaciones de poder abusivas sobre los demás, además de manifestar intemperancia. Todo esto revela un vicio aún más fundamental y antitético al discipulado: la infidelidad. Lo vemos especialmente en el proceso de pensamiento interior del mayordomo infiel. Monólogos interiores similares se ven en otras parábolas lucanas, que exploraremos con más detalle a su debido tiempo.

En los hogares ricos era habitual que los criados de confianza («esclavos» en algunas traducciones) se encargaran de la gestión de todas las tareas y cuentas domésticas, a cambio de lo cual recibían una asignación fija de comida y alojamiento. Incluso en la tradición griega y romana, no se los trataba con crueldad ni se los golpeaba sin sentido. Sin embargo, en el caso del siervo injusto, se denuncian sus abusos y, a cambio, se le dispensa el mismo trato que daba a los que estaban a sus órdenes.[53]

52. Arland J. Hultgren, *op. cit.*, p. 159
53. Fonck, Leopold, *op. cit.*, p. 403

Postilla Guillermi super Epistolas et Evangelia, Urs Graf, Museo Británico.

La imagen del maestro es aquí la encarnación de la ley moral que obliga a todas las cosas a rendir cuentas. Es frecuente que las personas vivan con la atención puesta en las microrrealidades que se les presentan, pensando que pasará mucho tiempo antes de que se les pidan cuentas por sus transgresiones; cada vez más personas, al parecer, creen que nunca se les pedirán cuentas. Sin embargo, la realidad es tozuda y no se puede ignorar. Cada uno de nosotros será descubierto. Llegará un momento en que tendremos que dar cuenta de nuestra fidelidad.

Estas parábolas también pueden verse como una advertencia contra cualquier forma de poder abusivo que se crea irresponsable. El poder corruptor devora tanta riqueza como puede, y devora también a las personas en el proceso. Ciertamente, esto se ve en la larga historia del poder coercitivo ilimitado e irresponsable ante cualquier autoridad superior. Los gobiernos en particular, especialmente dado su enorme tamaño, se comportan con frecuencia como los siervos malvados de estas parábolas, que creen actuar en secreto. Su presunción de que no tienen que rendir cuentas encubre el mismo tipo de abusos que se relatan en las parábolas.

La confianza, base de la fidelidad, es el aglutinante de todas las relaciones positivas, incluida la vida comercial, que no es sino una extensa red de relaciones. La confianza mantiene unidas a las empresas y hace posibles las relaciones entre deudores y prestatarios, inquilinos y propietarios, trabajadores y propietarios, benefactores y beneficiarios, directivos y accionistas. Todas estas relaciones exigen una gran confianza en que los demás cumplirán su parte del trato, serán responsables y honestos, cumplirán sus compromisos y se comportarán con rectitud.

Tanto si un propietario quiere un inquilino, como si un vendedor de coches está pensando en conceder un crédito o un empresario busca un empleado, lo primero que se busca, de una forma u otra, son pruebas del comportamiento pasado que permitan calibrar la fiabilidad actual de la persona. Miramos los informes de crédito, las referencias y el testimonio de otras personas con las que la persona ha tenido tratos, porque estamos buscando un administrador fiel.

El mayordomo «fiel» de Mateo y Lucas cumple la confianza de su benefactor cuidando bien de la propiedad mientras el dueño está fuera, aunque no sepa la fecha de su regreso. Este mayordomo se siente responsable tanto si se le observa como si no. Se puede confiar en él para que cuide de lo que se le ha confiado y cumpla su acuerdo de atenerse a las expectativas del amo. Éste es el tipo de persona que suele prosperar a largo plazo en todos los ámbitos de la vida. En el contexto contemporáneo, es la persona con más probabilidades de tener un buen historial crediticio, que avanza en los negocios y asciende en la escala empresarial. Es con la que los demás quieren hacer negocios. Por supuesto, éste no es siempre el caso, sobre todo cuando se introduce algún tipo de subterfugio, deshonestidad, prejuicio institucional o coacción.

La cuestión que plantean estas dos parábolas, en relación con la fidelidad, es si una persona seguiría siendo un buen administrador si intuyera que el propietario no va a supervisar sus asuntos y se ausenta durante un largo período; en otras palabras, ¿es digno de confianza incluso cuando no existe una autoridad superior a la que rendir cuentas? ¿Se considera responsable ante una norma o autoridad superior?

¿Seguiría pagando sus deudas puntualmente si supiera que no hacerlo no perjudicaría su calificación crediticia? ¿Destruiría un apartamento que está alquilando si supiera que el propietario no tiene ningún recurso de recompensa o que nunca sabrá quién ha dañado su propiedad? ¿Gestionaría mal una empresa si los accionistas nunca se enteraran o no les importara? Muchas personas conducen coches de alquiler o utilizan aseos públicos con esta mentalidad. Lo vemos cuando se oscurece o debilita el derecho a la propiedad.

Tomemos el caso de una empresa cuyas acciones cotizan en bolsa. El CEO y su personal, incluidos todos los vicepresidentes, no son propietarios (o, para decirlo con más precisión, su título por sí solo no garantiza la propiedad). Esencialmente, son gestores, empleados o administradores, no muy distintos de los presentados en la parábola. Los verdaderos propietarios son los accionistas. Son ellos quienes determinan la estructura de gestión.

El problema surge debido a que este control es un último recurso porque se ejerce a distancia.

Puede producirse un gran daño en una empresa si sus directivos creen que los accionistas no les están prestando mucha atención, sobre todo si los directivos no son intrínsecamente dignos de confianza. Los directivos —el consejero delegado y su personal— tienen lo que se denomina una responsabilidad «fiduciaria» ante los accionistas. Esta palabra tiene su raíz en el latín *fiduciaries*, *fiducia* y *fidere*, todos los cuales hablan de confianza o de que alguien te «confíe» algo. Se supone que los directivos actúan desde un «sentido de propiedad», incluso sin tenerla desde un punto de vista legal. Su papel es fundamental y requiere confianza, por ejemplo, durante un bum bursátil. Los accionistas pueden volverse imprudentes y desenfrenados, creyendo que un precio cada vez más alto confiere algún tipo de legitimidad a una empresa, incluso cuando su balance está en pésimo estado.

Cuando llega la quiebra, las cosas cambian. Los accionistas se vuelven ferozmente combativos. Por fin examinan de cerca los balances. Exigen que se rindan cuentas de cada céntimo gastado. Son intolerantes con la imprudencia y la mala toma de decisiones. Es precisamente este estado de cosas el que se percibe en la advertencia de las parábolas sobre el inminente regreso del amo o «señor». La fecha puede ser incierta. Pero como hemos visto con frecuencia durante las recesiones económicas, los escándalos corporativos surgen cuando los directivos ya no pueden ocultar sus defectos y se encuentran bajo un fuego severo.

Los directivos de las empresas pueden comportarse como «fieles administradores» colocando a la empresa sobre una base financiera firme, no ilusoria, utilizando los recursos con sensatez incluso cuando los accionistas no les prestan atención, y tratando los bienes de la empresa como si fueran suyos. O pueden comportarse como «administradores infieles», faltando a la fe y despilfarrando los recursos que se les han confiado.

No es necesario ir al nivel corporativo para ver en acción las verdades contenidas en esta parábola. Estos principios se aplican en el mundo empresarial, sin duda, pero también en las tiendas y en los supermercados, y —como sabe cualquier pastor y padre— incluso en las iglesias, o en los hogares, sobre todo cuando los padres dejan a un adolescente a cargo. Cada papel conlleva responsabilidades. En última instancia, cada trabajador debe controlarse a sí mismo. Esto es especialmente cierto en una economía desarrollada, cuando tantos trabajadores se sientan detrás de terminales y tienen innumerables oportunidades de hacer cosas distintas de aquello para lo que fueron contratados, o cuando, más recientemente, tantos han tenido que trabajar desde casa. Cuando se nos paga por realizar determinadas tareas, cuando contratamos libremente para realizar esas tareas, pero en cambio utilizamos el tiempo para otros fines, mucho menos que para el engrandecimiento propio, estamos actuando como administradores infieles.

Estas parábolas contienen fuertes implicaciones para cada uno de nosotros: trabajadores, directivos, clérigos, familias y todos los demás. Todos somos administradores de una manera u otra, incluso en nuestros hogares. También hay aquí implicaciones políticas particulares. Los políticos que se creen inobservables e irresponsables se volverán corruptos y autoritarios, y explotarán a sus electores y sus bienes.

Si nos fijamos específicamente en el administrador deshonesto de Lucas 16, surgen algunas lecciones más complejas. Una vez descubierta su traición, se enfrenta al dilema de cómo sobrevivir. La verdad sobre el carácter y los valores de una persona suele revelarse sólo en este tipo de situaciones existenciales.

Está claro que esta transparencia impuesta no altera la naturaleza básica del injusto administrador. Sigue siendo astuto, innovador y con talento. Es muy posible que fueran estos mismos talentos los que el amo vio inicialmente como prometedores en él, lo que motivó su contratación en primer lugar y le otorgó un alto cargo con gran responsabilidad.

Veamos algunas distinciones, a menudo borrosas, entre las capacidades de una persona y su carácter, que pueden aclarar esta parábola. La compleja realidad es que la eficiencia, si bien es un rasgo deseable en términos económicos, cuando se ejecuta un trabajo o se intenta que una empresa tenga éxito, no es necesariamente un bien moral cuando se intenta vivir una vida recta. La otra cara de la moneda también es cierta: la ineficacia, ciertamente indeseable en un entorno empresarial, no es necesariamente un fracaso moral. Todo esto equivale a decir que una persona malvada puede tener éxito en sus esfuerzos empresariales, mientras que una persona moral y decente puede fracasar en los mismos esfuerzos, y hacerlo sin culpabilidad moral.

Esto lo vemos en las economías de mercado productivas en las que se permite a las personas cooperar y compartir sus conocimientos y talentos entre sí. Incluso los participantes que son inmorales, vanidosos o carentes de decencia pueden tener éxito en la producción de altos niveles de prosperidad.

O puede ocurrir lo contrario, cuando participantes profundamente piadosos, amables, generosos y morales se ven atrapados en un sistema de planificación centralizada —«atrapados», porque la propia naturaleza de tales sistemas es coercitiva— y nunca pueden alcanzar la prosperidad debido a un sistema económico que la hace imposible.[54]

Estas sutilezas y las capas de injusticia e inmoralidad dentro de estos sistemas diferentes, que con demasiada frecuencia se pierden de vista en los debates sobre los mercados y en la condena moral de éstos, pueden verse en juego en este texto.

Muchos de los que leen la parábola del administrador injusto se quedan perplejos cuando Jesús elogia al administrador deshonesto por actuar «sabiamente», por su «astucia» o «prudencia», como dicen algunas traducciones. ¿Qué podría querer decir Jesús?

La palabra griega que aquí se traduce como 'astuto' o 'prudente' es *phronimos*, la misma palabra que se utiliza en Mateo 10:16, donde a menudo se traduce como 'sabio', como en «prudentes como serpientes y sencillos como palomas». Por supuesto, la imagen de una serpiente en la Biblia suele ser negativa (véanse Génesis 3, 1 y 14; Éxodo 7, 8; Números 21, 4-9; 2 Reyes 18, 4; Marcos 6, 18; Hechos 28, 3-6, y Apocalipsis 20, 2), por lo

54. Para profundizar en el modo en que las economías de mando y control frustran la coordinación económica, véase Hayek, F. A. *La fatal arrogancia: los errores del socialismo*, Unidad Editorial, Madrid, 1992.

que ni en Lucas ni en Mateo estaríamos autorizados a pensar que se trata de una aprobación de las demás cualidades del Diablo, como señala Pablo Gadenz.[55]

Más bien, los escritores del Evangelio ven evidentemente la posibilidad de que alguien pueda ser a la vez deshonesto y astuto o prudente, incluso más astuto o prudente —«más sabio»— que los propios discípulos de Jesús, a quienes el Señor dirige esta lección. El elogio del maestro al mayordomo injusto por su prudencia o astucia —por obrar «sabiamente»— no es una aprobación de su deshonestidad, sino un enfoque en el talento que posee, que si se emplea para un buen fin sería digno de elogio.

Algunos comentaristas intentan aliviar esta tensión exonerando al mayordomo (que, según ellos, fue acusado falsamente de corrupción) o justificando la expropiación de los bienes del amo, dado que éste era sencillamente demasiado rico.

Tales intentos sólo sirven para disminuir la profundidad del desafío que propone Jesús. En primer lugar, se trata de un personaje egocéntrico y poco atractivo que ni siquiera profesa su inocencia, sino que agrava su culpabilidad al expropiar por última vez los bienes del amo, con el fin de asegurar su jubilación reduciendo las deudas, evidentemente cuantiosas, contraídas con él. De este modo, engaña al amo en beneficio propio e involucra a otros en su plan. El punto central de esta parábola es que el mayordomo es deshonesto. Y es en el marco de esta misma deshonestidad donde planea su futuro.

La pregunta para el discípulo que está fuera de ese marco es: ¿Soy tan creativo e innovador como el administrador injusto, pero para el bien? La prudencia es el uso de la razón para gestionar los asuntos. Es un bien en sí mismo, pero la evaluación moral de lo que se consigue con su aplicación depende del fin, finalidad, meta o *telos* de la acción.[56] Jesús trata de transmitir a sus discípulos la importancia de la diligencia, el sentido práctico y el talento a través del ejemplo disonante de un siervo astuto pero

55. Gadenz, Pablo, *Catholic commentary on sacred Scripture: The gospel of Luke*, Baker Academic, Estados Unidos, 2018, p. 282.

56. Aquino, Tomás de, *op. cit.*

deshonesto que, desde su propio carácter (injusto), se asegura de poder disfrutar de la hospitalidad de los deudores de su amo. Por eso, Jesús pide a sus discípulos que aprendan de ello cómo pueden acumular «en los cielos un tesoro que no se agota» (Lucas 12, 33).

Los pecados de los administradores injustos, los directivos de empresas y los funcionarios públicos son sólo ejemplos de un problema mayor. Todo el mundo se enfrenta a la tentación de evitar la responsabilidad, la rendición de cuentas y el juicio. Al no habernos inventado ni creado a nosotros mismos, nos encontramos con que sólo somos administradores de lo que poseemos e incluso de lo que somos, incluyendo no sólo el mundo, sino también nuestros propios cuerpos. Debemos cuidar y apreciar todas las cosas confiadas a nuestro cuidado preeminentemente en beneficio del bien supremo: nuestras almas. Prudencia, honradez y fidelidad es lo que se requiere en esta vida. Necesitamos ejercitar esas virtudes habitualmente, incluso cuando pensamos que nadie nos mira y cuando nadie descubrirá cómo nos comportamos. Ésta es la definición de lo que significa ser un buen administrador.

11

El buen samaritano

> Respondió Jesús diciendo: «Un hombre bajaba de Jerusalén a Jericó, cayó en manos de unos bandidos, que lo desnudaron, lo molieron a palos y se marcharon, dejándolo medio muerto. Por casualidad, un sacerdote bajaba por aquel camino y, al verlo, dio un rodeo y pasó de largo. Y lo mismo hizo un levita que llegó a aquel sitio: al verlo dio un rodeo y pasó de largo. Pero un samaritano que iba de viaje llegó adonde estaba él y, al verlo, se compadeció, y acercándose, le vendó las heridas, echándoles aceite y vino, y, montándolo en su propia cabalgadura, lo llevó a una posada y lo cuidó. Al día siguiente, sacando dos denarios, se los dio al posadero y le dijo: "Cuida de él, y lo que gastes de más yo te lo pagaré cuando vuelva". ¿Cuál de estos tres te parece que ha sido prójimo del que cayó en manos de los bandidos?». Él dijo: «El que practicó la misericordia con él». Jesús le dijo: «Anda y haz tú lo mismo». (Evangelio de san Lucas 10, 30-37)

Llegamos a la que sin duda es una de las parábolas más famosas —e inusualmente claras— de Jesús: el buen samaritano. Apenas hay un alma en la cristiandad, o incluso fuera de ella, que no esté familiarizada con la historia. El significado llano de la parábola es una lección dramática de solidaridad: todos somos hermanos que compartimos un creador y merecemos el reconocimiento de nuestra dignidad intrínseca, pero también somos vulnerables y, por tanto, en algún momento necesitaremos la caridad de los demás, y por tanto estamos, recíprocamente, moralmente obligados a conceder caridad a los demás. Puede resultar tentador suponer que no es necesario indagar en el contexto ni detenerse mucho en la narración en sí. Dado que el mensaje de la parábola es tan claro, una exégesis diligente puede parecer innecesaria. Pero más allá del claro modelo de conducta que encontramos en la parábola del buen samaritano, esta convincente historia ofrece al estudiante atento una rica recompensa.

En una época en la que la gente solía estar radicalmente separada por tribus, clases, religión, familia y estatus social, Jesús insistió en que debíamos ir más allá de esas fronteras y amar a nuestro prójimo como a nosotros mismos. El hecho mismo de que esta lección nos parezca tan intuitivamente correcta es una prueba del impacto sostenido de la enseñanza de Jesús.

Cuando le preguntaron: «¿Quién es mi prójimo?», Jesús respondió que cualquiera podía serlo.

Hay un correlato sutil, pero crucial, en la pregunta que le hace a Jesús su interlocutor (dejando a un lado la cuestión de la sinceridad de ese interlocutor). Está preguntando con quién tiene una obligación moral: «¿Quién es mi prójimo?». Pero esa pregunta también implica sutilmente otra: ¿Quién no es mi prójimo? Es decir, ¿a quién no debo nada?

Los límites a nuestros recursos, tiempo y energía son contingencias que nos impone la finitud de nuestra existencia. Los límites de nuestro amor y compasión no lo son; una lección de esta parábola es que nuestra compasión debería ser ilimitada.

Me imagino que esta historia, que sólo se encuentra en el Evangelio de Lucas, inspira a casi cualquiera que la lea a pensar que se comportaría como el samaritano en las mismas circunstancias. Ciertamente, el público original de esta parábola quedó impresionado por la compasión del samaritano y vio que había hecho lo correcto.

Ni la religión, ni la clase social, ni la nacionalidad fueron el factor determinante que impulsó sus acciones, sino una simple preocupación por otro ser humano necesitado, creado a imagen y semejanza de un padre común. Los eruditos nos dicen que el hombre golpeado habría sido con toda seguridad un judío. Los judíos tenían relaciones tensas con los samaritanos, aunque a veces comerciaban con ellos, informa Josefo.[57] Lo que hace aún más intrigante la separación cultural es que samaritanos y judíos eran genéticamente próximos, pero teológica y litúrgicamente distantes. Sin embargo, el samaritano trata al judío no sólo con la cortesía habitual, sino con una caridad extraordinaria. Está dispuesto a ir más allá de los límites culturales y las expectativas de la época.

Este largo tramo de carretera de Jerusalén a Jericó tiene un desnivel de unos 1.100 metros. Viajar por él era tan arriesgado que normalmente no se recorría, salvo por necesidad comercial o por alguna otra razón importante. Hay aquí una sugerencia de que el samaritano conocía la región, dada su amistad con el dueño de la posada local; puede haber sido una caminata común para él. Se dice que el samaritano tenía recursos económicos suficientes para sufragar los gastos de rehabilitación de la víctima. Una vez más, como en la parábola de los talentos, el uso de una unidad monetaria concreta sugiere que la medida de la inversión moral es notable. Consideremos la magnitud de esta caridad: dos denarios o el salario de dos días, con una garantía de reembolso adicional en caso necesario. Los eruditos estiman que esta cantidad equivaldría a lo que la víctima necesitaba para recuperarse durante una o dos semanas.[58]

Tanto si consideramos al samaritano como un simple recurso parabólico para aclarar el significado de la historia como si lo consideramos como una persona real, sigue siendo el centro moral del drama y, muy probablemente, también un hombre de negocios, dos características inesperadas para un héroe.[59] Esto ayuda a aclarar el contexto de la historia.

57. Flavio Josefo, *Antigüedades de los judíos*, Clie, Viladecavalls, 1989.

58. Véase Snodgrass, Klyne, *op. cit.*, p. 347; Hultgren, Arland J., *op. cit.*, p. 99.

59. Benedicto XVI, *Jesus of Nazareth: From the Baptism in Jordan to the Transfiguration*, Doubleday, Estados Unidos, 2007, p. 196.

El buen samaritano, William Hogarth, Real Academia de las Artes de Londres.

Éste es un punto especialmente destacado siempre que nos vemos tentados a yuxtaponer de algún modo el comercio con la caridad. Esta historia nos ofrece una manera de acercarnos a la parábola para unificar ambos mundos viendo cómo podrían reforzarse mutuamente; esta narración nos muestra cómo muy bien pueden ir juntos. Al fin y al cabo, un medio normativo que tenemos para conocer a los demás y llegar a apreciar sus méritos y su humanidad son las relaciones comerciales de beneficio mutuo. El comercio, una de las formas más comunes de compromiso social, nos acostumbra a tratar a los demás como valiosos, y puede disponernos más fácilmente a conmovernos y emocionarnos por el sufrimiento ajeno.

Una pregunta que debemos hacernos es: ¿actuamos como el samaritano? ¿Tratamos a la gente como queremos que nos traten a nosotros? ¿Estamos dispuestos a dar prioridad o a dejarnos interrumpir por las necesidades de los demás? En el transcurso normal del día, es útil y enriquecedor pensar en nuestros compañeros de trabajo, jefes y empleados, y en los miembros de nuestras comunidades de todas las clases y procedencias como personas que podrían estar necesitadas o que podrían ser llamadas a prestar atención a los demás. Podemos prepararnos para una calamidad inesperada, como la que le ocurrió a la víctima de la historia, fomentando relaciones armoniosas con los demás. Esto podría considerarse incluso una forma de seguro social.

Esto tiene especial importancia en el lugar de trabajo. Todos hemos tenido compañeros de trabajo que han enfermado o se han enfrentado a algún desastre privado imprevisto. Puede que nos hayan pedido que les cubriéramos durante su ausencia o que hiciéramos sacrificios en su nombre, aunque no nos compensaran por ello. De hecho, no es una experiencia inusual. Es una oportunidad para asumir con gusto tales retos, no sólo porque la moral nos lo exige, sino por algo que sabemos de forma innata: Cada uno de nosotros tiene necesidades, y estar dispuesto a reconocerlas en los demás se llama solidaridad. Nunca sabemos cuándo se pedirá a los demás que hagan lo mismo por nosotros.

El buen samaritano, Rembrandt, Museo Nacional de Ámsterdam.

Esta historia también podría aplicarse a quienes tienden a tener relaciones conflictivas con personas que están más arriba o más abajo en la cadena de gestión de una determinada empresa. Cuando menospreciamos a nuestros compañeros o nos resentimos de la autoridad de nuestros superiores, nos sentimos menos dispuestos a cooperar con los demás, ya sea para ayudarles o para pedirles ayuda. Las actitudes resentidas y despectivas erosionan el espíritu de solidaridad. Los directivos deben preguntarse si cultivan buenas relaciones con los empleados, que a su vez pueden ayudar a los directivos en caso de necesidad. Los empleados deben cultivar buena voluntad entre sus compañeros, incluidos los jefes. La reciprocidad fomenta la solidaridad y el apoyo mutuo.

La parábola del buen samaritano nos recuerda que el cambio de suerte es una posibilidad siempre presente, aunque imprevisible. Las fuerzas externas pueden hacer poco para ayudar en esos momentos, a pesar de que vivimos en un mundo dominado por la idea del estado de asistencia social o estado del bienestar y dentro de una cultura política que se considera capaz de rescatar a todos de la pobreza, la enfermedad y las elevadas facturas médicas. El Estado moderno ha suplantado cada vez más al buen samaritano, y con ello desaparece también el conocimiento último que proviene del encuentro personal con el vulnerable. Un número cada vez mayor de personas han llegado a creer que están cumpliendo con sus obligaciones morales hacia el prójimo simplemente pagando impuestos, votando a favor de programas de asistencia social o abogando por propuestas para construir un aparato político sólido. Toda una organización que opera bajo el nombre de Pan para el Mundo, a pesar de su nombre, no produce barras de pan para los hambrientos. Es poco más que un grupo de presión política. ¿Hasta qué punto esta externalización de la caridad erosiona el sentido cultural de la responsabilidad y la solidaridad? Cualesquiera que sean los argumentos a favor de estos sistemas burocráticos y políticos de servicios sociales, es sorprendente ver cómo se emplea esta parábola para defender el estado del bienestar, suponiendo que se deriva de las enseñanzas de Jesús, o incluso que las cumple.

El papa Francisco ofrece una reflexión sobre esta parábola en su encíclica social *Fratelli tutti*, y aunque él se sentiría más cómodo con más apoyo político que yo para ayudar a los pobres, señala no obstante la necesidad de un nivel más íntimo y personal de apoyo ante la vulnerabilidad humana.

Observa que el samaritano ofreció a la víctima algo más que apoyo material: «Sobre todo, le dio algo a lo que en este mundo ansioso nos aferramos con fuerza: le dio su tiempo. Seguramente él tenía sus planes para aprovechar aquel día según sus necesidades, compromisos o deseos. Pero fue capaz de dejar todo a un lado ante el herido, y sin conocerlo lo consideró digno de dedicarle su tiempo».

Seremos capaces de «que la sociedad se encamine hacia la prosecución del bien común», como dijo el papa, sólo mediante la disposición interior que él describe tan conmovedoramente, no mediante meras abstracciones iniciadas o dominadas por el orden político, sino creando un orden político y social a partir de la disposición moral del samaritano. Éste es precisamente el argumento del papa: «El relato (de la parábola), digámoslo claramente, no desliza una enseñanza de ideales abstractos, ni se circunscribe a la funcionalidad de una moraleja ético-social. Nos revela una característica esencial del ser humano, tantas veces olvidada: hemos sido hechos para la plenitud que sólo se alcanza en el amor».[60]

Decir que la gente está moralmente obligada a ayudar a los necesitados no es lo mismo que decir que la acción gubernamental y las políticas públicas deben ser la primera y normativa forma de ayudarles. ¿Es votar o presionar a favor de la acción política y las prestaciones gubernamentales lo que significa esencialmente ser samaritano? Las ayudas sociales del gobierno crean dependencias que justifican un gasto cada vez mayor, un enorme despilfarro y el dolor y el sufrimiento que conllevan los impuestos y el control necesarios para permitir esas cosas. Por su propia naturaleza, el estado del bienestar está vinculado a la compra de votos y al fraude. Los programas de bienestar fomentan la deshonesti-

60. Papa Francisco, *op. cit.*

dad por parte de los políticos que los aprueban, de los empleados públicos que los aplican y de los beneficiarios de los programas. Todo esto se suma al hecho de que las distantes burocracias impersonales simplemente no saben cuáles son las necesidades humanas reales sobre el terreno, en las comunidades locales, en los corazones humanos y en los hogares. Este problema se agrava exponencialmente a medida que crece el tamaño y la actividad de la esfera política.

El papa Benedicto XVI (ahora emérito) escribió en su primera encíclica *Deus caritas est*: «El Estado que quiere proveer todo, que absorbe todo en sí mismo, se convierte en definitiva en una instancia burocrática que no puede asegurar lo más esencial que el hombre afligido —cualquier ser humano— necesita: una entrañable atención personal. Lo que hace falta no es un Estado que regule y domine todo, sino que generosamente reconozca y apoye, de acuerdo con el principio de subsidiariedad, las iniciativas que surgen de las diversas fuerzas sociales y que unen la espontaneidad con la cercanía a los hombres necesitados de auxilio».[61]

El comienzo de nuestra parábola —«Un hombre descendía de Jerusalén a Jericó, y cayó en manos de ladrones, los cuales le despojaron de sus vestidos, le hirieron y se fueron, dejándole medio muerto»— describe a los criminales con mucha exactitud. A menudo desprecian las propiedades y las libertades de los demás. Es un peligroso salto de fe y de lógica sugerir que el papel del samaritano sea absorbido por el Estado. Transferir esa obligación a un aparato coercitivo puede parecer que nos libera de ciertas responsabilidades, o incluso que garantiza que se cumplan, pero de hecho introduce muchos riesgos morales graves.

Es evidente que el samaritano no era un agente del Estado. Era un particular con sensibilidad moral. Éste es el modelo que Jesús propone a sus discípulos. El samaritano ayudó por su propia voluntad, que es la base de la virtud. No actuó como un servi-

61. Benedicto XVI, *Deus caritas est*, Ciudad del Vaticano, 25 de diciembre de 2005, <https://www.vatican.va/content/benedict-xvi/es/encyclicals/documents/hf_ben-xvi_enc_20051225_deus-caritas-est.html, sección 28>.

dor público que recibe una compensación por su servicio, sino que utilizó su propio dinero. Fue un sacrificio personal de su tiempo y sus recursos. Sus acciones no sólo fueron buenas para la pobre alma que sufría en el camino; también fueron buenas para él mismo. El énfasis constante de la parábola está en el compromiso personal del samaritano con la víctima del robo, su proximidad al hombre, su atención personal a las heridas dejadas en su cuerpo y el uso de su propio medio de transporte, todo ello en total contradicción con cualquier interpretación politizada de la parábola. Después de todo, la cuestión principal de la narración no son las necesidades de la víctima, sino la acción compasiva del samaritano, que resulta ser el «prójimo» de la víctima, atendiendo al hombre con su propia ropa (seguramente no traía vendas en este viaje de negocios) y con sus propias provisiones (el aceite y el vino), transportándolo «en su propia bestia», y no sólo pagando al posadero (a quien sin duda conocía de viajes anteriores) por el alojamiento y cuidado del hombre, sino llegando incluso a obligarse a pagar por cualquier servicio que excediera el depósito que había hecho. No, no se trata de activismo político, sino de amor.

El argumento con que se considera inadecuada la caridad privada es que no es fiable y además es degradante para los que necesitan ayuda. El argumento es que una solución política —alguna combinación de generosas ayudas sociales públicas, cambios estructurales de la economía, redistribución de la riqueza— es la forma normativa de garantizar la provisión social. Sin embargo, este enfoque tiene sus propios problemas. El primero es que subestima la potencia social de un modelo moral. Las abstracciones no son compasión y rara vez inspiran compromisos compasivos. A cierto nivel, la acción del Estado es siempre fuerza. Puede ser necesaria en momentos de grave crisis social, como remedio temporal. Pero incluso en esos casos, las intervenciones radicales pueden causar problemas mayores que los que pretenden resolver. Cualquier acción gubernamental debe situarse en el nivel más cercano al problema.[62]

62. Juan Pablo II, *op. cit.*, sección 48. «En los últimos años ha tenido lugar

En la medida en que la intervención centralizada usurpa o sustituye el papel de las instituciones mediadoras a nivel local, desincentiva y niega a las personas la posibilidad de ejercer la caridad. Además, mientras que la caridad es algo que se recibe con gratitud y a menudo implica preocupación personal y ayuda para mejorar la vida de la persona necesitada, la asistencia social estatal crea un derecho esperado y, aunque sea involuntariamente, da lugar a una relación de dependencia. Además, sustituir la beneficencia por la caridad erosiona la cultura de la solidaridad y la preocupación recíproca.

«Todo lo que gastes de más —dijo el samaritano—, cuando vuelva, te lo devolveré.» Esto, aquí mismo, es auténtica generosi-

---

una vasta ampliación de ese tipo de intervención, que ha llegado a constituir en cierto modo un Estado de índole nueva: el "estado del bienestar". Esta evolución se ha dado en algunos Estados para responder de manera más adecuada a muchas necesidades y carencias tratando de remediar formas de pobreza y de privación indignas de la persona humana. No obstante, no han faltado excesos y abusos que, especialmente en los años más recientes, han provocado duras críticas a ese estado del bienestar, calificado como "Estado asistencial". Deficiencias y abusos del mismo derivan de una inadecuada comprensión de los deberes propios del Estado. En este ámbito también debe ser respetado el *principio de subsidiariedad.* Una estructura social de orden superior no debe interferir en la vida interna de un grupo social de orden inferior, privándola de sus competencias, sino que más bien debe sostenerla en caso de necesidad y ayudarla a coordinar su acción con la de los demás componentes sociales, con miras al bien común.

»Al intervenir directamente y quitar responsabilidad a la sociedad, el Estado asistencial provoca la pérdida de energías humanas y el aumento exagerado de los aparatos públicos, dominados por lógicas burocráticas más que por la preocupación de servir a los usuarios, con enorme crecimiento de los gastos. Efectivamente, parece que conoce mejor las necesidades y logra satisfacerlas de modo más adecuado quien está próximo a ellas o quien está cerca del necesitado. Además, un cierto tipo de necesidades requiere con frecuencia una respuesta que sea no sólo material, sino que sepa descubrir su exigencia humana más profunda. Conviene pensar también en la situación de los prófugos y emigrantes, de los ancianos y enfermos, y en todos los demás casos, necesitados de asistencia, como es el de los drogadictos: personas todas ellas que pueden ser ayudadas de manera eficaz solamente por quien les ofrece, aparte de los cuidados necesarios, un apoyo sinceramente fraterno.»

dad. Esto es caridad. La ejerce alguien que actúa en respuesta a su propia formación moral y a la necesidad de otra persona. Es un ejemplo de admirable sensibilidad moral: auténtica compasión de un ser humano por otro. No hay ni puede haber nada que lo sustituya. Ésta es sólo una de las muchas lecciones maravillosas de esta hermosa parábola.

Al escribir sobre ella, el papa Benedicto XVI ofrece una visión de la naturaleza verdaderamente radical de la bondad humana: «Por supuesto, tenemos ayuda material que ofrecer y debemos examinar nuestro propio estilo de vida. Pero siempre damos demasiado poco cuando sólo damos cosas materiales... el sacerdote y el levita podrían haber pasado de largo más por miedo que por indiferencia. El riesgo de la bondad es algo que debemos reaprender desde dentro, pero sólo podemos hacerlo si nosotros mismos somos "prójimos" desde dentro, y si entonces tenemos ojo para el tipo de servicio que se nos pide...».[63]

63. Ratzinger, Joseph (papa Benedicto XVI), *op. cit.*, p. 199. El énfasis añadido es nuestro.

12

El hombre rico y Lázaro

Había un hombre rico que se vestía de púrpura y de lino y banqueteaba cada día. Y un mendigo llamado Lázaro estaba echado en su portal, cubierto de llagas, y con ganas de saciarse de lo que caía de la mesa del rico. Y hasta los perros venían y le lamían las llagas. Sucedió que murió el mendigo, y fue llevado por los ángeles al seno de Abrahán. Murió también el rico y fue enterrado. Y, estando en el infierno, en medio de los tormentos, levantó los ojos y vio de lejos a Abrahán, y a Lázaro en su seno, y gritando, dijo: «Padre Abrahán, ten piedad de mí y manda a Lázaro que moje en agua la punta del dedo y me refresque la lengua, porque me torturan estas llamas». Pero Abrahán le dijo: «Hijo, recuerda que recibiste tus bienes en tu vida, y Lázaro, a su vez, males: por eso ahora él es aquí consolado, mientras que tú eres atormentado. Y, además, entre nosotros y vosotros se abre un abismo inmenso, para que los que quieran cruzar desde aquí hacia vosotros no puedan hacerlo, ni tampoco pasar de ahí hasta nosotros». Él dijo: «Te ruego, entonces, padre, que le mandes a casa de mi padre, pues tengo cinco hermanos: que les dé testimonio de estas cosas, no sea que también ellos vengan a este lugar de tormento». Abrahán le dice: «Tienen a Moisés y a los profetas: que los escuchen». Pero él le dijo: «No, padre Abrahán. Pero si un muerto va a ellos, se arrepentirán». Abrahán le dijo: «Si no escuchan a Moisés y a los profetas, no se convencerán ni aunque resucite un muerto». (Evangelio de san Lucas 16, 19-31)

El tema de esta parábola es la fugacidad de los bienes terrenales y la inversión de las fortunas. Se describe a un hombre rico que disponía en la tierra de recursos que no empleó bien.

En lugar de demostrar gratitud y generosidad por sus bendiciones, no mostró piedad por el pobre y enfermo Lázaro. El verdadero error del hombre rico no es que perjudicara activamente a Lázaro, sino que nunca le ayudó, es más, ni siquiera pareció reparar en él en esta vida. El cambio de suerte se produce en la otra vida, donde el rico sufre tormentos en el Hades. Lázaro, que experimenta un cambio de suerte de otro tipo, es llevado a la otra vida por los ángeles y colocado en el seno de Abrahán. La escena y la historia son aterradoras, sobre todo cuando el rico suplica en el infierno que Lázaro le dé una gota de agua.

Para profundizar en la confrontación de esta parábola con la cuestión de la riqueza y la pobreza, tendremos que contemplarla con el telón de fondo de lo que la precede en el capítulo 16 del Evangelio de san Lucas, concretamente en los versículos 9-13. En estos versículos escuchamos la explicación de Jesús de la parábola del mayordomo injusto, comentada anteriormente en el capítulo 10, en la que Jesús relaciona la riqueza con la responsabilidad, la honradez y la prudencia que deben acompañarla. Sólo cuando llegamos a ver la riqueza como una oportunidad podemos apreciar realmente que ni su posesión ni su ausencia confieren un estatus moral, sino más bien su uso de una manera que revela el verdadero carácter de la persona que la utiliza.

Una analogía puede ayudarnos a ver este punto más claramente: Se podría decir que una mujer hermosa posee el potencial para una mayor inmoralidad sexual porque se le presentan más oportunidades para el libertinaje, en comparación con las que tiene una persona menos atractiva. Por lo tanto, ¿son todas las mujeres hermosas intrínsecamente inmorales? Es evidente que no. Como tampoco lo son todos los ricos.

El juicio de Dios sobre nuestras vidas es exigente como ningún juicio humano podría serlo jamás. Ante el rostro de Dios, cada hecho, cada detalle, cada motivo o intención es plenamente conocido y comprendido. Para casi todo el mundo en la tierra, a lo largo de toda la historia documentada, el dinero ha significado poder. Es un camino hacia la fama, los amigos, la indulgencia y la licencia. Ofrece oportunidades para la codicia y el abuso de poder. Esto ha sido así en todos los sistemas políticos jamás construidos. Los ricos son a menudo envidiados y a veces aniquilados. Sin embargo, es raro encontrar una sociedad en la que los ricos cambiarían gustosamente su lugar con los pobres. Sin embargo, eso es exactamente lo que se describe aquí, en la única parábola ambientada en el más allá. En la parábola del rico y Lázaro, se nos recuerda cómo las cosas pueden cambiar fácilmente y cómo nuestro destino final depende de nuestras elecciones.

Los contrastes entre los dos hombres en esta vida no podrían ser más marcados: difieren prácticamente en todo: vivienda, vestimenta, alimentación, vulnerabilidad general.

El rico está rodeado de lujo, come bien y vive detrás de verjas. Aunque gran parte de la clase media vive así hoy en día, esto era un privilegio raro en el mundo antiguo, donde la mayoría de la gente luchaba por sobrevivir cada día. En la era preindustrial, la lucha, la inseguridad y el sufrimiento eran la norma para casi todo el mundo. El contraste podía inducir a los pocos muy ricos a creer que tenían motivos para sentirse orgullosos y exaltados por encima de los demás.

Al leer sobre cualquier persona rica de la Biblia, es útil recordar que, a pesar de que el comercio era omnipresente en la época, los ricos del mundo antiguo no se enriquecían a través de él. Antes de que se establecieran amplias redes comerciales en el Renacimiento, lo más habitual era que las personas se enriquecieran como resultado de sus conexiones con el poder, ya fuera como miembros de una clase favorecida que ostentaba el poder, como empleados del régimen, como monopolistas o por haber heredado la riqueza de antepasados pertenecientes a alguna de esas categorías. Pero sea como fuere que el rico haya obtenido su riqueza, el hecho de que sea rico es prácticamente lo único que se nos dice de él, como la pobreza de Lázaro es prácticamente todo lo que sabemos de él. Esto nos obliga a centrarnos en la relación entre la situación de ambos hombres en la vida y su recompensa eterna. ¿Fue condenado el rico por su riqueza o por algún pecado al que le tentó ésta? Y más en general, ¿cuáles son

La parábola del hombre rico y Lázaro, Gustave Doré, Proyecto Gutenberg.

las tentaciones y las desventajas y ventajas morales de la riqueza y la pobreza?

Se nos dice que el hombre rico se vistió de púrpura y lino. El color y el material indican aquí opulencia, influencia o realeza —dado el gasto y la dificultad de producir el tinte necesario para el color púrpura—, lo que sugiere el poder que tenía sobre los hombres. Tal vez incluso que ocupaba algún cargo político. El texto no nos da nada concreto como tal.

Lázaro estaba en el polo opuesto. Era pobre y estaba enfermo. Los perros lamían sus llagas, ya fuera de forma amistosa o como carroñeros en busca de comida. La imagen es de una condición degradada.[64] Tenía hambre y yacía fuera de las puertas. Las propias puertas son un símbolo de la separación y exclusión total y completa de Lázaro de una vida cómoda o protegida, así como un presagio de la aterradora inversión que se produce más adelante en la historia. No se menciona el entierro de Lázaro; nos preguntamos si tenía a alguien dispuesto a correr con los gastos en su nombre.

El rico en el infierno ve a Abraham con Lázaro, Heinrich Aldegrever, Museo Metropolitano.

64. Scott, Bernard Brandon, *op. cit.*, p. 151.

Sin embargo, ambos mueren. Mientras que antes el pobre Lázaro le pedía limosna al rico, ahora el rico le pide limosna a Lázaro, y ni siquiera un bocado de comida, sino simplemente una gota de agua.

La historia es muy sutil en todo momento, transmitiendo un mensaje casi subliminal sobre la culpabilidad del rico ante la condición de Lázaro. Esa misma sutileza puede dar pie a que se interpreten agendas ideológicas en la parábola.

Un ejemplo de ello es el del difunto Ernesto Cardenal, sacerdote católico que fue un destacado defensor de la teología de la liberación en Nicaragua en las décadas de 1970 y 1980, y que fue ministro de Cultura de los sandinistas durante casi una década. El padre Cardenal desempeñó un papel decisivo en la creación de una comuna en el lago de Nicaragua llamada Solentiname, donde se invitaba a los pobres a comentar las escrituras. Cardenal inserta un supuesto económico de suma cero en su exégesis de la parábola del rico y Lázaro: «El pobre está mal porque el rico está bien, o el rico está mejor porque el pobre está mal. Hay pobres porque hay ricos. Y las fiestas de los ricos son a costa de los pobres».[65]

Pero esto es pura invención. Pasa por alto los sutiles indicadores de la arrogancia del rico, que no tienen nada que ver con una lectura económica marxista del texto.

Obsérvese que, mientras que normalmente se conocen los nombres de los ricos, en esta historia se nombra al pobre —Lázaro— y no al rico. Incluso en medio de sus tormentos, vemos que el hombre rico encarga a Lázaro tareas (ir a ver a sus hermanos), mientras que Lázaro no pronuncia ni una sola frase en todo el relato.

Las tornas cósmicas han cambiado de forma definitiva e inalterable. Sus destinos terrenales eran temporales, pero ahora son eternos. El rico está mucho peor en el Hades que el pobre en su existencia temporal.

Las implicaciones espirituales son claras, aunque chocantes. ¿Hay lecciones económicas que aprender? Son más complicadas

65. Cardenal, Ernesto, *El evangelio en Solentiname*, Trotta, Madrid, 2006.

de lo que podría parecer a primera vista. Una implicación podría ser una advertencia a los ricos para que no sean pomposos, un tema que se encuentra en toda la Escritura, donde a menudo se condena la arrogancia de los ricos y poderosos, más que sus meras riquezas. La posición económica es distinta de la posición moral, como vemos por ejemplo en el ejemplo de José de Arimatea, cuyos recursos, puestos al servicio de Cristo, son vistos favorablemente en los evangelios (véase Mateo 27, 57, Marcos 15, 43-46 y Juan 19, 38).

La fugacidad de la riqueza es algo que la propia sociedad mercantil pone de relieve en su funcionamiento cotidiano. En un sistema de feudalismo o de privilegio mercantilista, donde la riqueza se obtiene y se asegura mediante conexiones con el poder, la riqueza puede estar segura en esto. Pero quienes han obtenido riquezas mediante el intercambio voluntario y el espíritu empresarial deben saber que su riqueza es vulnerable a las mismas fuerzas del mercado que la produjeron en primer lugar. Deben saber que no deben considerarse miembros de la realeza, personas con poder sobre los demás, porque, de hecho, no ejercen el poder bruto, es decir, el derecho a blandir la espada. La base de su éxito económico es la capacidad de persuadir a la gente para que comercie en beneficio recíproco. En una economía de mercado, uno se enriquece sirviendo a los demás, no gobernándolos.

Los que tienen éxito en una economía de mercado lo consiguen principalmente empleando su criterio empresarial para servir a los demás ofreciéndoles productos a precios atractivos. Su riqueza es a la vez el resultado y la muestra del servicio que prestan a otros a través del intercambio voluntario. Es cierto que esto produce beneficios, pero no es más que un indicador de que han sabido anticiparse a las necesidades ajenas. Por esta razón, no hay nada inmoral en los beneficios como tales. Sin embargo, el éxito en un mercado puede tentar a la persona a un exceso de confianza y cegarla ante una realidad mayor. Ésta es una peligrosa dolencia psicológica y espiritual que no sólo puede dañar el alma, sino que puede hacer que las riquezas se evaporen tan rápido como llegaron.

En un mercado competitivo, una empresa no tarda mucho en perder cuota de mercado. Los ricos rara vez permanecen así más de una o dos generaciones. Uno no puede dormirse en los laureles: no hay garantías. Las condiciones que conducen al éxito pueden cambiar fácilmente. La riqueza en una economía de mercado es dinámica, porque ser «rico» es una condición reversible, como demuestra la lectura de las listas de los más ricos de un año para otro.[66]

Son hechos que cualquier empresario conoce bien. En cuanto uno de ellos deja de considerarse servidor de los demás y empieza a creerse con derecho a su estatus, como hace el rico de la parábola, pone en peligro todo lo que tiene. Así pues, esta parábola no sólo pronostica nuestros destinos eternos, sino que también refleja la realidad en el aquí y ahora.

En pocas palabras, esta parábola es una advertencia a los ricos complacientes y miopes. No sólo es un aviso para evitar el apego a los bienes terrenales, sino también una advertencia de que para tener éxito ético es necesario estar orientado hacia los demás y mirar hacia fuera, preocuparse por los que nos rodean. El hecho de que el hombre rico conociera el nombre de Lázaro y, sin embargo, no hiciera nada para aliviar su angustia demuestra que carecía de la mentalidad de un siervo. El servicio, la caridad y la humildad son las características que distinguen al auténtico siervo de Dios. Se podría decir que el orgullo en las riquezas precede a una gran caída —incluyendo, a veces, una caída en los balances de caja.

66. Para ejemplos de multimillonarios que pierden enormes cantidades de dinero, véase Cam, Deniz, «The biggest billionaire winners and losers of 2019», *Forbes*, 20 de diciembre de 2019, <https://www.forbes.com/sites/denizcam/2019/12/20/the-biggest-billionaire-winners-and-losers-of-2019/#4dc47bcc3ec2>; McDowell, Erin, «These 10 billionaires have all gone broke or declared bankruptcy—read the wild stories of how they lost their fortunes», *Business Insider*, 26 de marzo de 2020, <https://www.businessinsider.com/rich-billionaires-who-declared-bankruptcy-2019-7>; Varela, Adrián Francisco y Moynihan, Qayyah, "17 billionaires who lost the most in the past year», *Business Insider*, 23 de enero de 2019, <https:// www.businessinsider.com/the-17-billionaires-who-made-the-biggest-losses-in-the-past-year-2018-2019-1>.

Piensa en los ricos de finales de los años veinte o, más recientemente, en los ricos de las puntocom antes de la caída del sector comercial de internet a finales de los noventa. En la memoria más reciente están las grandes empresas financieras de finales de la década de 2000 que poseían enormes carteras de hipotecas titulizadas, basadas en la presunción de que los precios de la vivienda nunca dejarían de subir. Uno tiene la impresión de que estos inversores creían que nunca podrían tomar una mala decisión. Pero el mercado humilla tanto como exalta. Puede reducir a un hombre de la riqueza a los harapos en un período asombrosamente rápido. No nos preparamos para ello acumulando reservas o volviéndonos avaros, sino adoptando una actitud de gratitud y respeto a los demás y no considerando el éxito económico como el *summum bonum* de nuestra existencia.

En efecto, hay un peligro grave y eterno en ponerse la púrpura y darse un festín mientras otros a nuestro alrededor sufren dolor y hambre. Aunque no haya causa y efecto entre ambas cosas, al comportarnos así estamos cediendo a la tentación de olvidar nuestra propia mortalidad y vulnerabilidad. Así es el hombre rico, y su destino puede servirnos de sobrio recordatorio. No tiene por qué ser el nuestro. Mirando hacia el destino final de Lázaro, podemos actuar de manera que lo hagamos nuestro.

13

El hijo pródigo

También les dijo: «Un hombre tenía dos hijos; el menor de ellos dijo a su padre: "Padre, dame la parte que me toca de la fortuna". El padre les repartió los bienes. No muchos días después, el hijo menor, juntando todo lo suyo, se marchó a un país lejano, y allí derrochó su fortuna viviendo perdidamente. Cuando lo había gastado todo, vino por aquella tierra un hambre terrible, y empezó él a pasar necesidad. Fue entonces y se contrató con uno de los ciudadanos de aquel país que lo mandó a sus campos a apacentar cerdos. Deseaba saciarse de las algarrobas que comían los cerdos, pero nadie le daba nada. Recapacitando entonces, se dijo: "Cuántos jornaleros de mi padre tienen abundancia de pan, mientras yo aquí me muero de hambre. Me levantaré, me pondré en camino adonde está mi padre, y le diré: Padre, he pecado contra el cielo y contra ti; ya no merezco llamarme hijo tuyo: trátame como a uno de tus jornaleros". Se levantó y vino adonde estaba su padre; cuando todavía estaba lejos, su padre lo vio y se le conmovieron las entrañas; y, echando a correr, se le echó al cuello y lo cubrió de besos. Su hijo le dijo: "Padre, he pecado contra el cielo y contra ti; ya no merezco llamarme hijo tuyo". Pero el padre dijo a sus criados: "Sacad enseguida la mejor túnica y vestídsela; ponedle un anillo en la mano y sandalias en los pies; traed el ternero cebado y sacrificadlo; comamos y celebremos un banquete, porque este hijo mío estaba muerto y ha revivido; estaba perdido y lo

hemos encontrado". Y empezaron a celebrar el banquete. Su hijo mayor estaba en el campo. Cuando al volver se acercaba a la casa, oyó la música y la danza, y llamando a uno de los criados, le preguntó qué era aquello. Éste le contestó: "Ha vuelto tu hermano; y tu padre ha sacrificado el ternero cebado, porque lo ha recobrado con salud". Él se indignó y no quería entrar, pero su padre salió e intentaba persuadirlo. Entonces él respondió a su padre: "Mira: en tantos años como te sirvo, sin desobedecer nunca una orden tuya, a mí nunca me has dado un cabrito para tener un banquete con mis amigos; en cambio, cuando ha venido ese hijo tuyo que se ha comido tus bienes con malas mujeres, le matas el ternero cebado". Él le dijo: "Hijo, tú estás siempre conmigo, y todo lo mío es tuyo; pero era preciso celebrar un banquete y alegrarse, porque este hermano tuyo estaba muerto y ha revivido; estaba perdido y lo hemos encontrado"».
(Evangelio de san Lucas 15, 11-32)

Podría decirse que la parábola del hijo pródigo es la más conocida y, sin duda, la más larga de todas las parábolas de Jesús. A lo largo de los siglos, ha cautivado inmediatamente a la gente. ¿Por qué es tan atractiva? Podemos reconocer fácilmente nuestras propias experiencias en el arco de esta historia, y nos identificamos con los personajes icónicos, tan expertamente representados.

Los dos hijos son diferentes en algunos aspectos, pero sorprendentemente similares en otros. A pesar de que el título por el que conocemos la parábola nombra al menor y díscolo, el verdadero eje de esta historia es la persona del padre. Sus temas principales y los puntos de interés que se entrecruzan surgen de su relación con sus dos hijos.

En nuestro estudio de las parábolas de Jesús hemos tratado de llenar las lagunas relacionadas con sus presupuestos y ramificaciones económicas, en lugar de intentar ofrecer un análisis exhaustivo de las parábolas en todos sus asombrosos e intrigantes detalles. No nos hemos centrado en las implicaciones teológicas, soteriológicas e incluso escatológicas más amplias, salvo en la medida en que arrojan luz sobre nuestro proyecto más proscrito y centrado en la economía.

El hijo pródigo entre los cerdos, Albrecht Dürer, Museo Nacional de Ámsterdam.

El regreso del hijo pródigo, Gustave Doré, Bible Gallery.

La economía, que es la esfera de la acción humana relacionada con la satisfacción de las necesidades de las personas, implica esfuerzos para asegurar el futuro de cada uno, incluyendo el comercio, la productividad, la asunción de riesgos, los contratos y las garantías de su integridad, y los derechos de herencia. Esta parábola aborda todos estos temas. Otros temas importantes de la parábola son la codicia y los celos, el perdón, la libertad, la equidad, la justicia, la caridad y cómo el modo en que valoramos los bienes materiales afecta a nuestras relaciones, incluso a las íntimas.

Aunque los «elementos económicos» de la parábola del hijo pródigo «pueden, quizá, considerarse incidentales y prescindibles para su intención» —ciertamente, no son la principal lección moral o teológica impartida—, nos abren el camino hacia una comprensión moral más profunda de la narración y no pueden sino mejorar nuestra comprensión o apreciación de la historia en todas sus dimensiones[67]. En este sentido, la parábola del

67. Nolland, John, «The role of money and possessions in the parable of

hijo pródigo se parece mucho a la historia misma de la Encarnación: la confluencia de la trascendencia divina con la contingencia humana. O, dicho en una palabra, Emmanuel ('Dios con nosotros').

Además del trasfondo económico —y cultural, lingüístico y social— de cualquier parábola, también es bueno tener en cuenta que sigue siendo una historia en sí misma, con su propio objetivo y propósito (hay que admitir que a veces no son tan fáciles de discernir). Así pues, nuestra exploración no puede limitarse a un estudio de las leyes o costumbres de una época —una tentación en la que pueden caer algunos comentaristas y homilistas—. Una parábola funciona como una historia para enseñar un mensaje por sí misma. No debemos dejarnos absorber por el contexto cultural en el que se desarrolla la historia a expensas de la lección de la parábola en sí.

La narración comienza con un joven que cede al señuelo de la libertad desenfrenada al obtener una herencia que acaba dilapidando, llevándose a sí mismo a un estado desesperado. Se tiene la impresión de que es el ingenuo de la familia que muestra el clásico rasgo de inmadurez egoísta. Como resultado de su propia ineptitud o de su ciega ambición, debe enfrentarse a la privación y la necesidad. Se siente desdichado, pero también profundamente reflexivo y honesto.

Es en esta situación cuando habla de su ofensa a su padre al exigir su herencia antes de tiempo y malgastarla. Describe lo que ha hecho como un pecado, tanto contra su padre como «contra el cielo». Este pecado, que implica obtener y malgastar recursos materiales que el hijo menor obviamente codicia, tiene dimensiones morales y económicas. Y lo que es más conmovedor, revela un desprecio por su padre.

A medida que se desarrolla la historia, nos enteramos de que este joven tiene un hermano mayor muy diferente de él. Mientras que el hermano menor abandona a su padre, a su

---

the Prodigal Son (Luke 18:11-32)», en Bartholomew, Craig G.; Green, Joel B.; y Thiselton, Anthony C., *Reading Luke: Interpretation, reflection, formation, scripture and hermenetuics*, Zondervan, Estados Unidos, 2005, pp. 178-209.

familia y sus responsabilidades, su hermano mayor permanece lealmente en casa y se le ve trabajando hasta altas horas del día para mantener y ayudar a administrar la hacienda familiar. Sin embargo, a medida que avanza el drama, veremos que la actitud del hermano mayor hacia su padre —en particular su resentimiento— tiene algo en común con la preocupación material del menor.

Desde el punto de vista económico, o al menos material, el hermano menor es un pródigo imprudente y fracasado. Malgasta su herencia y se reduce casi a la inanición. El hermano mayor, por el contrario, contribuye con prudencia y laboriosidad al éxito del patrimonio familiar. Muestra la voluntad de renunciar al consumo que, como hemos visto, es una condición necesaria para el éxito en los negocios. Y su autocontrol se ve recompensado con el éxito en el plano matrimonial. Pero, aunque los dos hermanos son polos opuestos en lo que respecta a los aspectos económicos de la vida, ambos, de diferentes maneras y en diferentes momentos de la historia, fracasan en algo que es más importante que la economía. Irónicamente, ambos —el despilfarrador que disipa pródigamente su herencia y se arruina, y el abnegado trabajador, responsable y triunfador— caen en el error de hacer de los bienes materiales el valor más importante. El hermano menor valora esos bienes por los placeres que le permiten disfrutar. El hermano mayor los valora por el estatus y la autoestima que le proporcionan. Pero ambos permiten que el valor de esos bienes materiales oculte el valor infinitamente mayor de sus relaciones con su padre y entre ellos.

No es difícil imaginar cómo se sentía el hermano pequeño. Tiene toda la vida por delante y apenas puede esperar a dejar su huella en el mundo, pero se encuentra atado a la monotonía de una granja familiar. ¿Qué niño no quiere liberarse de vez en cuando? La búsqueda de la libertad está en lo más profundo de nuestro ADN. Deseamos vivir una vida sin límites, sin nadie que inhiba nuestras pasiones, perseguir nuestra felicidad sin que nada se interponga en nuestro camino. Para muchos, ésta es la definición misma de la libertad: sin límites.

No hace falta ir más lejos que las palabras pronunciadas por el productor de cine Harvey Weinstein, ahora caído en desgracia, que ofreció una explicación de su hábito sexual de explotar a las mujeres. Dijo que había alcanzado la mayoría de edad «en los años sesenta y setenta, cuando todas las normas sobre comportamiento y lugares de trabajo eran diferentes». Lo que quiso decir con esto es algo que cualquiera de nosotros que haya vivido esa época recordará. (Los demás pueden buscar en Google imágenes de Woodstock.) En aquella época, el *Zeitgeist* instaba a la gente a dedicarse plenamente a sus pasiones, dejando de lado las anticuadas restricciones de la tradición y la religión, que se creía que sólo inhibían la realización humana. El argumento era entonces, y en muchos lugares lo sigue siendo ahora, que la única manera de descubrir quién eres realmente es seguir la corriente de tus pasiones.

¿Cuán satisfactorio es lanzar o patear una pelota al azar por el campo con unos amigos? Puede ser divertido durante un tiempo. Pero no produce la misma euforia que cuando se superan obstáculos y retos, se dominan habilidades, se respetan las reglas y se ganan partidos en un deporte. Esa profunda sensación de logro y fruición sólo puede alcanzarse dentro de los confines de las reglas de, por ejemplo, el béisbol o el fútbol. La emoción de la victoria es posible gracias a las reglas que constituyen la definición misma del juego. Un encuadre, después de todo, no tiene por qué restar belleza a una escena; puede centrar nuestra mirada o resaltar un detalle que de otro modo pasaría inadvertido. La libertad no tiene sentido a menos que se dirija a algún objetivo o verdad superior.

La parábola del hijo pródigo comienza con la herencia y el papel que desempeña en la dinámica familiar. Las tensiones creadas por la interacción entre las relaciones personales —especialmente las relaciones personales duraderas e íntimas— y las consideraciones financieras dan profundidad y dramatismo a la historia y a las lecciones que aprenderemos de ella. Los temas de las posesiones, el dinero y la herencia son el telón de fondo de toda la narración; sin ellos, perdería su sentido.

Klyne Snodgrass, un reputado estudioso de las parábolas, observa que los eruditos están divididos sobre si una petición (o demanda) del tipo que el hijo menor hace a su padre era común o no. Recibir una herencia temprana no era algo desconocido en esta época, pero pedir recibir la herencia antes de la muerte del padre implicaría insolencia y, como mínimo, delataría que el hijo estaba más interesado en el dinero que en su padre o en el legado de su familia.[68]

Como hemos visto, la preocupación central aquí —y en otros lugares a lo largo de los evangelios— no es realmente el dinero como tal, sino la actitud de la gente hacia el dinero, y cómo esa actitud afecta a sus relaciones con otros seres humanos y con Dios.

Es este factor humano el que debe distinguir a la economía, propiamente concebida, de los meros cálculos matemáticos, las abstracciones, las consideraciones de pérdidas y ganancias y la preocupación por los bienes materiales. El hijo pródigo es la tercera de una serie de parábolas de esta sección de Lucas que nos presentan cosas que se pierden y luego se encuentran. Las otras dos tratan de una oveja y una moneda, entidades que carecen de razón, libre albedrío y responsabilidad moral, por lo que existen en un plano totalmente distinto al de los dos hijos. La oveja descarriada (Lucas 15, 3-7) es vulnerable, pero no puede decirse que sea culpable o inocente; del mismo modo, la moneda extraviada (Lucas 8, 10) puede causar ansiedad a la mujer que la perdió, y su recuperación la impulsa a celebrar una fiesta, pero la moneda no se desveló por haberse perdido. Es la capacidad humana de razonar, que permite a las personas vivir con sentido plena y productivamente en este mundo, la que también da dimensión moral a nuestras acciones y nos permite dar valor a las cosas. Sólo los seres humanos razonan y, por tanto, pueden valorar y tomar decisiones, ya que los objetos inanimados y los animales no pueden hacerlo. En estas parábolas, somos muy conscientes de que la atención no se centra tanto en la oveja como en el rescate por parte del pastor, o en la moneda como en la mujer. Mientras que ni la moneda ni la oveja tienen un punto de vista digno de consi-

68. Snodgrass, Klyne, *op. cit.*, p. 131.

deración, el hijo pródigo es un actor moral, al igual que su padre y su hermano.

Las acciones morales, las consecuencias y las lecciones reveladas en las decisiones de otras personas nos implican en sus historias. Y es especialmente fácil para nosotros sentir una conexión con esta parábola. Nuestra conciencia de nuestra propia capacidad para traicionar nuestros valores más profundos y nuestras esperanzas de restauración y perdón hacen que la parábola del hijo pródigo sea convincente. Las acciones de ambos hijos nos incitan a evaluar nuestras propias vidas en términos morales. El carácter del padre, revelado en el modo en que se relaciona con sus dos hijos, eleva nuestra mirada para mostrarnos cómo abordar las circunstancias económicas de nuestras vidas de un modo que trascienda la mera materialidad de nuestra existencia. Es la familia y sus relaciones lo que él tiene como valor supremo. Esta parábola —especialmente la reacción del hermano mayor ante la noticia del regreso de su hermano pequeño— plantea la cuestión de la equidad.

El regreso del hijo pródigo, Rembrandt, Museo Metropolitano.

Uno sospecha que puede haber habido tensiones entre ambos antes de este incidente. Después de todo, la rivalidad entre hermanos no es desconocida en la historia de la humanidad. Apareció en escena con Caín y Abel (Génesis 4), y ha sido una constante en la experiencia humana desde entonces. Lo vemos en las Escrituras con Isaac e Ishmeal en Génesis 16; y Jacob y Esaú en Génesis 25, 28, 32 y 33; y José y sus hermanos en Génesis 37. Lo vemos en el mundo clásico, en Rómulo y Remo y en Cleopatra y Ptolomeo XIII. En nuestro mundo moderno existe en el mundo del espectáculo (Olivia de Havilland y Joan Fontaine) y del deporte (los hermanos y entrenadores de la NFL Jim y John Harbaugh). A veces, cuanto más unidas están las personas, más profundas son las tensiones.

Fortunas familiares enteras se han visto arruinadas por la rivalidad, la codicia, los celos, el resentimiento y la percepción de favoritismos (a veces enterrados hace mucho tiempo). El relato de ficción más conocido de este fenómeno es *La casa desolada*, de Charles Dickens, una novela laberíntica que relata con todo lujo de detalles la disipación de una fortuna familiar. En ella se describe con tristeza la épica saga del desmoronamiento de un enorme patrimonio multigeneracional como resultado de los resentimientos, litigios, debilidades personales y secretos de los miembros de la familia. Resulta aleccionador contemplar cuántas fortunas familiares se han perdido por la incapacidad de lograr algún tipo de reconciliación.

Sin embargo, las familias están unidas por algo más que los bienes materiales que comparten y por los que luchan. Están unidas también por la sangre, la cultura y, es de esperar, el amor, que es precisamente lo que el padre de la parábola del hijo pródigo demuestra «a sus dos hijos».

Los hijos de la parábola se encuentran distanciados entre sí y de su padre precisamente porque —cada uno a su manera— dan prioridad a las cosas materiales por encima de sus lazos familiares. Esto es más evidente en la exigencia del hijo menor de recibir su herencia «antes de que su padre haya muerto». Sin embargo, detectamos un descontento similar por parte de su hermano mayor como resultado de una actitud muy parecida. Aunque parece que nunca le ha faltado de nada, se ve infravalorado: claramente siente que su hermano menor es tenido en mayor estima y mimado como él nunca lo ha sido, a pesar de haberse quedado siempre en casa trabajando para su padre: «Y se enojó, y no quiso entrar: Salió, pues, su padre, y le rogó. Y respondiendo él, dijo a su padre: He aquí, tantos años te sirvo, y nunca he faltado a tu mandamiento; y sin embargo nunca me diste un cabrito, para que me divirtiese con mis amigos: Pero en cuanto vino este tu hijo, que ha devorado tu sustento con rameras, mataste para él el becerro engordado» (Lucas 15, 28-30). El padre nunca lo ve así en absoluto, como es evidente cuando le dice a su hijo mayor que «todo lo que tengo es tuyo» (Lucas 15, 31) e inmediatamente cambia el enfoque de lo material a lo personal: «porque este tu hermano estaba muerto, y ha revivido; y se había perdido, y ha sido hallado» (Lucas 15, 32).

El descarrío del hermano menor parece haber hecho aflorar el resentimiento del hermano mayor, aunque ni éste ni su padre parecen haber visto mermado su estilo de vida como consecuencia de ello. Algo impide que el hijo mayor aproveche lo que tiene de forma satisfactoria. Ésta es otra cosa importante que hay que contemplar de esta parábola: ¿Nos impide el resentimiento ser felices, incluso cuando todas nuestras necesidades materiales están satisfechas?

El hijo mayor se encuentra fuera de la órbita de su padre porque ha elegido situarse allí. En efecto, ahora ocupa el lugar que antes ocupaba su hermano menor. Si «volviera en sí», superara la humillación y el dolor momentáneos de entrar en el banquete y se reconciliara con su hermano, habría experimentado una curación como lo fue para él la vuelta a casa del hermano menor.

Qué triste debe de ser para un padre tan amoroso dar una bienvenida tan generosa a su hijo «que estaba perdido y ahora ha sido encontrado, que estaba muerto y ahora está vivo», sólo para que su otro hijo no acepte esta acogida y él mismo se pierda, se aleje y muera.

Es fácil ver al hermano mayor como un niño inmaduro y enfurruñado. Es posible que queramos gritarle: «Supéralo». Pero por un momento veamos la situación a través de sus ojos, aunque al final concluyamos que le falta perspectiva.

He aquí un hombre que creció en una época y en una cultura en las que el hijo mayor gozaba de gran estima. Según el Deuteronomio 21, 17, era él quien debía heredar una parte doble de la herencia. Esto significaría que cualquiera que fuera la cantidad de la herencia que el hermano menor disipara, el hermano mayor aún podía esperar una parte de dos tercios de la herencia. Tampoco él y su padre parecen estar en una situación desesperada, dada la capacidad del padre para organizar una celebración evidentemente impresionante.

Incluso sin conocer las causas anteriores de la rivalidad, el abandono de sus responsabilidades por parte de su hermano —sin duda añadidas a las suyas— es en sí mismo insultante y probablemente gravoso. Y el agravio se ve agravado por el hecho de que él se lleve una parte del patrimonio familiar. Las cosas materiales —y nuestro presunto derecho a ellas— pueden cegarnos ante otras de mayor importancia. Pero con demasiada frecuencia, al considerar cuestiones espirituales y morales, las buenas personas pueden pasar por alto las formas intrincadas y superpuestas en que las posesiones y las cosas materiales se conectan con asuntos trascendentes como la familia, las opciones morales y la virtud.

Esta parábola ofrece lecciones sobre la justicia y el orden correcto de las herencias. Y, ciertamente, la equidad es esencial para mantener ordenadas las relaciones sociales. La equidad, o justicia, exige que tratemos a las personas como merecen ser tratadas, y ésa es una condición necesaria para la cohesión social.

Pero la historia es más profunda. Lo que tenemos ante nuestros ojos es mucho más que una lección de equidad, o de cómo ordenar correctamente una herencia.[69] Al leer esta historia estamos aprendiendo algo más sutil que una mera lección de lo que las personas merecen; estamos aprendiendo sobre la misericordia,

69. En esencia, éste es el punto que Nolland señala cuando observa que la parábola «explora la tensión entre las preocupaciones de justicia, que forman parte de la perspectiva de la sabiduría clásica, y la importancia y conveniencia de la reconciliación familiar». Nolland, *op. cit.*, p. 204.

que supera a la justicia. Y, sin embargo, la misericordia requiere la noción de justicia, porque sin entender la justicia somos incapaces de ver el poder transformador de la misericordia. El poder de la misericordia es difícil de ver si no hay comprensión de la justicia en primer lugar. Por eso es tan peligroso separar ambas cosas o reducirlo todo a un derecho, a una pretensión de justicia. Eso destruye el amor y la caridad. Las personas pueden exigir justicia porque es su derecho; sólo pueden suplicar misericordia. Al principio, los dos hijos exigen justicia. El menor acabará pidiendo clemencia, y su padre se la concederá. Nos queda la duda de si el hijo mayor tendrá la misma piedad.

La razón por la que esta historia va más allá de la justicia es que el padre la lleva más allá al relacionarse con sus dos hijos. La oferta de una segunda oportunidad al hijo menor se hace aún más convincente por el hecho de que el indulto lo ofrece la parte ofendida, el padre. La aceptación por parte del padre del cambio de actitud de su hijo menor nos cautiva. Nos atrae su afán por reconciliarse con él y devolverle a su estado anterior, que se manifiesta en que corre a saludarle incluso antes de que se pronuncie una palabra entre ellos (Lucas 15, 20).

Como señala el profesor Snodgrass, el perdón que el padre ofrece al hijo ante su egocentrismo se basa más en el carácter y la generosidad del padre que en el perfecto arrepentimiento de su hijo. El hijo ni siquiera llega a terminar su confesión.[70] Verdaderamente, el carácter del patriarca en esta historia es tan convincente como el papel del propio pródigo. En cierto sentido, ésta es realmente la parábola del padre amoroso.

Éste es el corazón emocional obvio de la historia: la idea de que incluso después de la insolente demanda del hijo menor por su herencia, y el abyecto fracaso al que su avaricia y ambición lo llevan, el padre (a diferencia de su hijo mayor) parece no guardar rencor, sino que toma la iniciativa y corre a abrazar a su hijo con amor, descartando su condición de parte agraviada; y luego, de la misma manera, está dispuesto a salir del banquete para rogar a su hijo mayor que entre.

70. Snodgrass, *op. cit.*, p. 139.

Todos hemos sido agraviados. Dependiendo de la dinámica de la relación y de la profundidad de la traición, es probable que pensemos que antes de restablecer la relación es decente que, al menos, se aclare la situación, se pongan las cartas sobre la mesa, se ofrezca una compensación y una disculpa por parte del ofensor. Enseñamos a los niños desde pequeños que ofrecer y recibir disculpas es lo correcto y adecuado. Pero incluso ante una disculpa sincera, a muchos les resulta casi constitucionalmente imposible superar la ofensa, especialmente si el agravio fue profundo. A veces es cuestión de avanzar poco a poco y dejar ir el dolor pieza a pieza. El mandato de Cristo a sus discípulos de perdonar a todos los que pecaran contra ellos —«si no perdonáis a los hombres sus ofensas, tampoco vuestro Padre os perdonará vuestras ofensas» (Mateo 6, 15)— es una de las exigencias más difíciles del cristianismo. Incluso en mi familia italoamericana, sólidamente católica, solíamos bromear sobre el «alzhéimer italiano», definido como cuando olvidas todo menos el rencor.

La naturaleza bondadosa, amable y generosa del padre yuxtapuesta al egoísmo de sus hijos es el hilo conductor de la parábola.[71] La imagen de un padre agraviado que resurge de alegría al ver a su hijo ofensor, sin saber aún el propósito de su retorno, tiene un gran efecto para comunicar el amor de Dios hacia sus hijos, incluso cuando, o especialmente cuando, le traicionan.

Hasta en su punto más bajo, algo quedaba en el pródigo que le hacía capaz de recordar su verdadera identidad, volver en sí y decidirse a arreglar las cosas. Lo esencial que podemos extraer de esta historia es un modelo de amor y gracia, pero no ideales abstraídos de la vida cotidiana de seres humanos reales. Todo esto ocurre en el contexto de cuestiones mundanas de derechos y propiedad, sentimientos heridos y posibles resentimientos. Es un mundo muy parecido al nuestro. El amor reconciliador del padre por su hijo irradia a través de las contingencias del riesgo, la ambición y el fracaso.

La parábola del hijo pródigo termina con una celebración.

71. Jeremias, Joachim, *Las parábolas de Jesús*, Verbo Divino, Estella-Lizarra, 1997.

Las celebraciones pueden ser superficiales, incluso libertinas, como por ejemplo la disipación del hijo menor en el país lejano, cuando «malgasta su fortuna en una vida desenfrenada». Hay lugares en el Evangelio de Lucas en los que «celebrar» *—euphrainein* en griego— tiene connotaciones negativas. Recordemos, por ejemplo, al rico loco, que se dijo a sí mismo: «Alma, tienes muchos bienes acumulados para muchos años; descansa, come, bebe y alégrate (*euphrainou*) (Lucas 12, 19)», y también al hombre rico, que «se vestía de púrpura y lino fino, y cada día se divertía suntuosamente (*euphrainomenos*)», mientras Lázaro yacía a su puerta «lleno de llagas» (Lucas 16, 19-20). Pero en la parábola del hijo pródigo la misma palabra para celebrar se emplea positivamente: «El padre dijo a sus siervos: Sacad el mejor vestido y vestidle; ponedle un anillo en la mano y calzado en los pies: Y traed aquí el becerro gordo, y matadlo; y comamos, y alegrémonos: Porque este mi hijo era muerto, y ha revivido; se había perdido, y es hallado. Y comenzaron a alegrarse (*euphrainesthai*)» (Lucas 15, 22-24).[72]

Es una nota alegre para terminar una historia que podría haber tenido un final muy diferente.

72. Snodgrass, *op. cit.*, p. 124.

Epílogo

Algunas reflexiones más amplias sobre la economía y el Nuevo Testamento

Las cuestiones económicas impregnan prácticamente toda la vida humana en la tierra; en virtud de nuestra existencia material, nos encontramos en un contexto de escasez y limitación. Nuestra naturaleza física y nuestras limitaciones nos obligan a trabajar. Al crear el universo, Dios mismo se ve trabajando, y luego confía a la recién creada familia humana la vocación de hacer lo mismo (véase Génesis 1, 28). Nuestra «fisicalidad» o materialidad da lugar a lo que hoy llamamos «economía», la búsqueda del mejor y más prudente empleo de unos recursos escasos. Lo que llamamos «mercado» no es, pues, un lugar, sino un proceso de descubrimiento de cómo utilizar esos recursos escasos y limitados.

Sin embargo, esta realidad corpórea y este proceso de descubrir cómo vivir mejor enraizados en nuestro mundo natural —con menos residuos y mayor eficacia— no es el objetivo de la persona, ni define la vida humana en su totalidad. El hecho de que hayamos sido hechos del «polvo de la tierra» da lugar a estas contingencias, pero los seres humanos también han insuflado en ellas «aliento de vida». Así pues, las cuestiones relacionadas con la economía —pobreza, propiedad, riqueza, dinero, beneficio, despilfarro, herencia, contratos, relaciones laborales y similares— deben considerarse en su dimensión material y trascendente. Jesús y los escritores del Nuevo Testamento utilizaron estas dimensiones de la vida humana en las parábolas tanto para tener en cuenta la realidad económica que forma parte ineludible de nuestra vida en este mundo, como con un fin más elevado.

Este libro se centra principalmente en las parábolas que ejemplifican estas conexiones, y ni siquiera las examina todas. Dependiendo de la definición precisa de lo que constituye una parábola, se estima que hay entre una y doscientas de ellas contenidas en el Nuevo Testamento. Aquí he escogido apenas una docena de las parábolas más conocidas de Jesús.

Al estudiar cómo se interrelacionan las Escrituras y la economía, conviene recordar que el estudio formal sistemático o «científico» del uso de los recursos escasos como disciplina intelectual surgiría sólo gradualmente con el tiempo; era desconocido, como tal, en el mundo antiguo. Sería anómalo hablar de «economía» neotestamentaria como si hubiera escuelas formales de pensamiento económico en el mundo antiguo.

Lo que hoy entendemos por economía sencillamente no estaba en la mente de los escritores bíblicos. Cuando utilizaban las palabras *οίκος* y *νέμομαι*, los antiguos sólo se referían a la gestión del hogar. El término *economía*, derivado de esas dos palabras griegas, se formuló para connotar la comprensión moderna y más amplia de la economía sólo bajo la influencia de teólogos escolásticos y filósofos morales como Juan de Mariana (1536-1624), Francisco de Vitoria (c. 1485-1546), Martín de Azpilcueta, el doctor Navarrus (c. 1493-1586) o Diego de Covarrubias y Leiva (1512-1577), entre otros muchos de la escolástica tardía, todos ellos alumnos y portadores de la tradición tomista de pensamiento.[73]

Los principios morales establecidos en las enseñanzas de Cristo y sus apóstoles forman el sistema de valores a partir del cual los creyentes toman decisiones económicas, pero esto no

73. Véase Chafuen, Alejandro, *op. cit.*; Roover, Raymond de, *Business, banking, and economic thought in late medieval and early modern Europe*, University of Chicago Press, Estados Unidos, 1975; Schumpeter, Joseph A., *Historia del análisis económico*, Ariel, Barcelona, 2015.

debe confundirse con ninguna noción de «economía bíblica» *per se*. Y, sin embargo, se puede decir que los valores de la Biblia, la forma cristiana de ver el mundo y el lugar de la humanidad en él, influyeron en el propio desarrollo de la economía como disciplina intelectual.

En este epílogo, me propongo abordar una serie de tensiones que se encuentran de forma más general en el Nuevo Testamento, haciendo el mismo esfuerzo por evitar aportar al texto mi propio conjunto de presuposiciones que cuando abordé las parábolas en los capítulos de este libro. Sigo formulando preguntas a partir de mis conocimientos de economía e intento relacionar los principios establecidos en ese campo de la ciencia económica con los temas y encuentros descritos en las páginas del Nuevo Testamento.

En el Nuevo Testamento se encuentran numerosas advertencias —tanto de boca de Jesús como en las enseñanzas de los apóstoles y evangelistas— sobre la riqueza y el desafío que la prosperidad material puede suponer para el discipulado cristiano. Desde una perspectiva cristiana, la abundancia material y la prosperidad pueden convertirse en un obstáculo para lo que debería ser el objetivo de la vida humana: la unión con Dios, o la salvación.

Aunque se podría dedicar un libro entero a este tema (te remito a mi libro *Defending the free market: the moral case for a free economy*, publicado por Regnery en 2012)[74], es valioso explorar los principales textos del Nuevo Testamento que se relacionan con la riqueza, la prosperidad y los negocios con el fin de obtener una comprensión más profunda de cuál es el desafío cristiano para el creyente.

Estos textos son ricos en instrucciones para un discipulado radical y auténtico. Son tan ricos en este sentido que es imperativo que permitamos que el significado del propio texto hable a nuestros corazones en sus propios términos, dejando de lado

74. Traducción española: Sirico, Robert, *En defensa del libre mercado. El argumento moral en favor de una economía libre*, Lid/Instituto Acton, Argentina, 2018.

cualquier propensión a racionalizar su significado para vaciarlo de todo desafío para nosotros, pero sin partir tampoco de la suposición de que Jesús hace de la renuncia a la propiedad una condición del discipulado.

Cuestiones morales sobre la propiedad privada y la riqueza

La noción de «mío» y «tuyo» está implícita en el mandamiento contra el robo. ¿Por qué el robo es pecado si la propiedad privada es inmoral en primera instancia? La realidad de la escasez significa que no todos podemos ser propietarios por igual de todas las cosas; es una imposibilidad física. Incluso el concepto de compartir (en contraposición a la expropiación) implica propiedad y elección. Reconociendo que Dios es el propietario último de todos los bienes, seguimos viviendo con la realidad de la necesidad de que los individuos y las organizaciones ejerzan la administración. Como hemos visto, las parábolas presuponen la existencia y la moralidad de la propiedad privada, junto con todo lo que ello implica sobre la elección, el comercio y los mercados.

¿Y el trabajo en relación con la propiedad? En la Biblia, la primera imagen que tenemos de la humanidad en la tierra es la de un jardín. Cuando yuxtaponemos un jardín a una selva, empezamos a ver el papel indispensable del trabajo humano en relación con el mundo natural. El hombre está llamado a «labrar» el jardín, es decir, a cultivarlo. El ser humano poda la naturaleza, la arregla, la hace más productiva y fructífera, más ordenada y, a veces, incluso más bella de lo que sería de otro modo. Este compromiso con el orden natural pone de manifiesto la acción empresarial del propio Dios, de cuya imaginación fueron creados los seres humanos. Hoy en día, incluso tocar o manipular el entorno natural está mal visto por muchos. Puede que el Génesis no nos presente una visión antropológica completa, pero los elementos clave del principio de la visión bíblica reflejan un valor por la productividad y la creatividad humanas.

A algunos parece costarles aplicar esos conceptos al comercio, la creación de riqueza y otros elementos de la vida económica. Pero lo mismo ocurre con la visión bíblica de la sexualidad, que también encontramos en el Génesis: algo que es intrínseco a nuestra vocación, y que —si se aborda de la manera adecuada— se manifiesta y acerca a las personas a Dios.

Desde el punto de vista moral, la riqueza y la economía productiva son como la sexualidad humana en el sentido de que contienen un profundo tirón hacia algo trascendente. Nuestras pasiones y deseos forman parte de nuestra propia naturaleza porque Dios ha «puesto la eternidad en la mente del hombre» (Eclesiastés 3, 11).[75] Puesto que todos anhelamos que Dios nos colme, somos seres deseantes. La antropología cristiana ve a la persona humana como creada para Dios, el único en quien podemos encontrar nuestra plenitud y sentido últimos. San Agustín lo expresa bellamente en el capítulo inicial de las *Confesiones* cuando dice: «Porque nos has hecho para Ti y nuestro corazón está inquieto hasta que descanse en Ti».[76]

Cuando este tirón hacia la trascendencia se distorsiona o se desvía, puede llevarnos a buscar la plenitud en cosas distintas de Dios, convirtiendo esas cosas, como la riqueza o el sexo, en ídolos, es decir, en sustitutos de nuestro bien supremo y auténtico y de nuestro fin propio.

Por eso Jesús advierte que las preocupaciones, las riquezas y otros placeres de la vida pueden ser peligrosos, como explica en la parábola del sembrador: «Y los que cayeron entre espinos son los que, cuando oyen, salen y se ahogan con las preocupaciones, las riquezas y los placeres de esta vida, y no llevan fruto a la perfección» (Lucas 7, 5-15). Esos afanes, riquezas y placeres pueden llevarnos a justificar la codicia o las pasiones desordenadas. El apóstol Pablo hace una distinción entre el dinero en sí y lo que él llama «el amor al dinero», del que dice que es «raíz de todos los

75. *Revised Standard Version* (New York: The Division of Christian Education of the National Council of the Churches of Christ in the United States of America, 1971).

76. Hipona, Agustín de, *Confesiones de san Agustín*, Alma, Barcelona, 2022.

males; el cual codiciando algunos, se extraviaron de la fe, y fueron traspasados de muchos dolores» (1 Timoteo 6, 10). De hecho, el amor al dinero puede estar sutilmente (y a veces no tan sutilmente) en la base de todas las variedades del mal. Y los cristianos que viven en las prósperas economías del siglo XXI pueden persuadirse fácilmente de que tales tentaciones no se aplican a ellos. La Sagrada Escritura advierte de los peligros espirituales de la riqueza, del mismo modo que advierte de las tentaciones del sexo. Ambas pueden ser buenas, pero sólo cuando se dirigen a sus fines apropiados.

Las advertencias bíblicas sobre la riqueza no son advertencias contra la propiedad como tal, sino contra la posesividad sobre las cosas. Se trata de categorías morales distintas. Los vicios se derivan de una relación desordenada con las cosas materiales: amarlas como se debe a una persona, o incluso a Dios mismo; adquirirlas por medios injustos; codiciarlas; depender de ellas en lugar de Dios; poner el dinero por encima de la fe, la moral y las personas; tratar el dinero como un fin en sí mismo en lugar de como un medio para un fin superior; aferrarse a él. Todas éstas son relaciones desordenadas y desproporcionadas con nuestras posesiones.

Por otra parte, la propiedad como forma o modo de administración que en sí misma es resultado del ingenio es un asunto totalmente distinto. El cristianismo nunca ha enseñado que la riqueza como tal sea mala, sino que, por el contrario, ha advertido contra los vicios de la intemperancia, el exceso de indulgencia, la avaricia y la codicia. Lo vemos en los tradicionales siete pecados capitales, que condenan como vicios no el dinero, sino la avaricia; no el sexo, sino la lujuria; no el éxito, sino el orgullo; no la admiración, sino la envidia; no comer o disfrutar de la comida, sino la gula; ni siquiera la indignación o el enfado, sino la ira; y no el ocio, sino la pereza.

A lo largo de la historia, eruditos y santos devotos y profundos han discurrido sobre el equilibrio adecuado, las trampas y cómo vivir una vida virtuosa con respecto a la riqueza. El antídoto cristiano contra los vicios mencionados no se encuentra en un Estado grande y redistribuidor que «ayude» a la gente a desprenderse de su pecado expropiándole su dinero, sino en el difícil cultivo de una vida interior de virtudes como el desapego de la posesión, la sencillez de vida, la modestia, el ahorro y la generosidad en todo lo que hacemos. No combatimos la avaricia, y mucho menos alcanzamos la virtud, empobreciendo a la gente o expropiando su riqueza, o suponiendo que sólo los prósperos pueden ser avaros. Alcanzar la virtud no es tan sencillo como reducir a todo el mundo a la pobreza, algo bastante fácil de conseguir si se piensa en ello.

Y es demasiado fácil hablar como si la relación humana con la riqueza, el éxito y el trabajo fuera simple y clara. Mientras que, por un lado, la búsqueda de la riqueza en sí misma puede atraparnos y oscurecer nuestra sensibilidad moral, por otro, la dedicación al trabajo puede ser la búsqueda de la plenitud, o de la excelencia como respuesta a una vocación o incluso a una llamada sagrada experimentada interiormente.

En el cuarto capítulo de Filipenses, san Pablo expresa algunas reflexiones sobre cómo ha navegado por esta tensión: «Aunque ando escaso de recursos, no lo digo por eso; yo he aprendido a bastarme con lo que tengo. Sé vivir en pobreza y abundancia. Estoy avezado en todo y para todo: a la hartura y al hambre, a la abundancia y a la privación. Todo lo puedo en aquel que me conforta».[77]

¿Cuál es ese «secreto» del que habla el Apóstol? La Biblia ampliada explica las palabras de san Pablo: «Sé cómo desenvolverme y vivir humildemente [en tiempos difíciles], y también sé cómo disfrutar de la abundancia y vivir en la prosperidad. En todas y cada una de las circunstancias he aprendido el secreto [de afrontar la vida], tanto si estoy bien alimentado como si paso hambre, tanto si tengo abundancia como si paso necesidad». El Apóstol da la clave cuando dice: «Todo lo puedo en Aquel que me conforta».[78]

77. Filipenses 4, 11-13.

78. Filipenses 4, 11-13, *Amplified Holy Bible*, Zondervan, 2017. *N. del t.*: por motivos de precisión, en este caso se ha traducido directamente la versión citada por el autor.

No se trata sólo de un llamamiento a «sonreír y aguantar»; es, más bien, una visión de cómo vivir una vida de satisfacción poseyendo un sistema de valores correctamente ordenado, de modo que uno no se distraiga ni se vea atrapado por el contexto en el que se encuentra. Es estar contento (no sólo soportar) la abundancia o la pobreza. Consideremos una analogía de las familias de seres queridos que viven con adicciones como el alcohol o las drogas. A menudo dirán que la clave es el «desapego», es decir, la propia identidad y el significado fuera de uno mismo y de sus valores más elevados. El desapego no significa negar el contexto, la situación o la realidad, sino negarse a ser definido por ellos. Significa cultivar una conciencia serena de las propias prioridades y límites, alejarse de algo destructivo, no aferrarse. En el contexto de la pregunta relativa a «la abundancia y la necesidad», el desapego es la capacidad de evitar obsesionarse con las cosas materiales. Me gusta la frase «manejar las cosas con ligereza». Una vez oí a un hombre muy consumado expresar magníficamente la actitud ideal. Rich DeVos, un hombre al que llegué a llamar amigo en mi hogar adoptivo de Grand Rapids, Míchigan, dijo una vez que debemos «sostener nuestras posesiones materiales con la mano abierta, y no con el puño cerrado». Esta imagen, transmitida por un multimillonario, me parece exactamente el equilibrio justo. Es la antítesis de acaparar y aferrarse a las cosas; es actitud que revela generosidad y libertad interior.

La riqueza representa una potente atracción para nuestras pasiones; apela a nuestros deseos hasta tal punto que puede sustituir a Dios. La riqueza puede eclipsar cualquier otro valor de nuestra vida si no controlamos nuestro deseo. En realidad, éste es el atractivo de cualquier forma de idolatría.

Como hemos visto, la sexualidad es otro aspecto de la vida humana donde vemos que la misma dinámica entra en juego. En la tradición cristiana, ni las cosas materiales ni la sexualidad pueden definirse como intrínsecamente malas. Un mal intrínseco es algo que es pecaminoso en sí mismo: mientras que el asesinato (quitar intencionada e injustamente una vida humana) es moralmente inaceptable en todo momento, matar (quitar una vida humana) puede no serlo, dependiendo de circunstancias como la justa defensa propia, o cuando el homicidio no es intencionado, como en el caso de un accidente. Del mismo modo, podemos preguntarnos si la sexualidad humana se expresa con generosidad y fidelidad, como en el matrimonio, o si se repliega sobre sí misma, en cuyo caso se convierte en egoísta, promiscua, violenta, explotadora y gravemente pecaminosa. Pero cuando la sexualidad humana cumple los requisitos morales de la ley natural y de las Escrituras, se convierte en sagrada y, de hecho, al menos en mi tradición, en sacramental.

Las distinciones entre el uso moral e inmoral de la riqueza son aún más críticas a medida que el mundo se enriquece y la vida mejora para las personas que antes vivían en niveles de subsistencia. No distinguir entre formas correctas e incorrectas de manejar los abundantes bienes materiales significa que la búsqueda de la virtud en estos asuntos se vuelve más irrelevante, oscura, truncada y abstracta, reducida a tópicos y desvinculada de cualquier fin concreto y razonablemente alcanzable. Los anhelos vagos pueden dar lugar con demasiada facilidad a que lo perfecto sea enemigo de lo bueno, haciendo que la vida virtuosa esté tan completamente fuera de alcance que se convierta en utópica, que literalmente significa «en ninguna parte». Un uso verdaderamente virtuoso de los bienes de este mundo, por el contrario, es la materia de la verdadera santificación, que requiere una vigilancia constante: hábitos de oración, reflexión moral, responsabilidad y contemplación. La riqueza puede ser seductora como sustituta de lo trascendente, y la mejor manera de combatir esa seducción es contemplar lo real.

La tecnología y la riqueza de las naciones

El asombroso crecimiento de la riqueza de la sociedad en los últimos doscientos años —lo cual supone una ínfima parte de la historia de la humanidad— ha cambiado por completo nuestra concepción de cómo puede ser la vida en la tierra. Ha cambiado nuestras expectativas sobre lo que es posible. Nos ha permitido imaginar e incluso dar por sentada la posibilidad de progreso material y prosperidad para las masas. La «gran divergencia» del Occidente moderno con respecto a la norma de las economías preindustriales (y del resto del mundo) comenzó con la Revolución Industrial y continuó durante la gran era del liberalismo, durante el siglo XIX. La razón de esta divergencia es objeto de un amplio debate entre economistas e historiadores. ¿Fue un cambio institucional, político, tecnológico o cultural? La respuesta tiene ramificaciones teológicas.

No hay una respuesta fácil a la pregunta, y una imagen completa probablemente requiera una comprensión equilibrada de la relación entre todos estos factores. Por sí solas, la historia y las estadísticas no revelan nada sobre la causa y el efecto; los factores causales sólo pueden discernirse mediante una buena teoría. Pero obsérvese que hay un rasgo común en el que coinciden los investigadores de este campo: el bienestar humano es inseparable de la innovación tecnológica y la acumulación de capital. Lo que ocurrió en el período posterior a la Revolución Industrial es la definición misma de lo que puede significar ser responsable y fiel a la exigencia del Evangelio de cuidar de los pobres y vulnerables.

El hecho es que entre los años 1800 y 1950 la proporción de la población mundial que vivía en la pobreza extrema se redujo a la mitad, y luego se redujo de nuevo a la mitad entre los años 1950 y 1980.[79] Un agricultor estadounidense en el año 2000 «producía de media 12 veces más por hora trabajada que un agricultor en el año 1950. El desarrollo de nuevas tecnologías fue un factor primordial en estas mejoras».[80]

Hubo repercusiones medioambientales: el mayor uso de

79. El 52 por ciento de la población mundial vivía en la pobreza extrema en el año 1981; en el año 2005, sólo lo hacía el 25 por ciento, según cifras del Banco Mundial. Véase Griswold, Daniel, *Mad about trade: why main street american ahould embrace globalization*, Cato Institute, Estados Unidos, 2009, p. 127.

80. Fuglie, Keith O.; MacDonald, James M.; y Ball, Eldon, «Productivity Growth in U.S. Agriculture», *Economic Brief* n.º 9, septiembre de 2007. U.S. Dept of Agriculture Economic Research Service, <https://www.ers.usda. gov/webdocs/publications/42924/11854_eb9_1_.pdf>.

energía —como, por ejemplo, el mayor uso de tractores— disparó las emisiones de gases de efecto invernadero, al menos al principio. Pero eso es sólo una parte del cuadro. El mayor uso de este tipo de maquinaria agrícola también aumentó la productividad y, por tanto, alimentó a más personas. Y el propio aumento de las emisiones se vio mitigado por los continuos avances tecnológicos, como motores más eficientes en el consumo de combustible y fuentes de energía alternativas.

Pero la contaminación y las preocupaciones climáticas no son los únicos problemas que surgen, junto con la revolución tecnológica, en una agricultura que nos ha permitido alimentar a miles de millones de seres humanos más. Nótese que este espectacular aumento del bienestar humano se ha producido de una forma clara y obviamente desigual. Es aquí donde surge el potencial de la envidia: los ricos se enriquecen más y más rápido que los pobres salen de la pobreza. Y, sin embargo, al observar las tendencias a largo plazo, queda claro que el aumento de la riqueza ha beneficiado a toda la comunidad mundial. He aquí el reto: imaginemos una política que ordenara que no se permitiera ningún progreso a menos que pudiera tener lugar de manera uniforme en todos los países y en todos los grupos demográficos al mismo tiempo. Podríamos considerar la igualdad en el ritmo del progreso como la prioridad moral. Y ésa es la política que deberíamos adoptar si creemos que ningún grupo debe prosperar a menos que todos los grupos compartan por igual las bendiciones de una prosperidad creciente. Podríamos garantizar la igualdad, pero sólo a expensas del aumento a largo plazo del bienestar humano en general. Piensa en cómo, bajo esa regla, el resultado de la historia habría sido muy diferente. Significaría que, como comunidad mundial, seríamos una décima parte más ricos de lo que somos actualmente, y que la gente viviría poco más de la mitad de lo que vive ahora. Estoy hablando del mundo entero. Éstas son consideraciones morales a las que debemos enfrentarnos cuando priorizamos la igualdad sobre la libertad de crear y poseer recursos. Consideremos también un hecho adicional relacionado con el tamaño de la población mundial, que ahora es de siete mil millones, frente a los mil millones de hace sólo doscientos años. El mundo escapó a la «trampa maltusiana» del crecimiento demográfico que conducía a la hambruna masiva gracias a la productividad económica que hicieron posible las instituciones emergentes de la propiedad del capital, la inversión y el comercio. Si esas instituciones se vieran perjudicadas, obstaculizadas o abolidas, ¿cómo se vería afectada la capacidad de la economía mundial para alimentar, vestir y curar a una población de siete mil millones de personas? De hecho, ¿podría el mundo haber mantenido alguna vez a esa misma cantidad de personas que viven hoy en día? Son preguntas que dan que pensar.

«Bienaventurados los pobres» y «ay de los ricos»

El aumento de la riqueza y su distribución cada vez más amplia entre todas las clases de la sociedad también plantea cuestiones cruciales de teología e interpretación bíblica. Cuando leemos las palabras de Jesús en las Bienaventuranzas: «Pero, ¡ay de vosotros, ricos!», ¿las vemos como la articulación de una filosofía o una política? Sin duda, el mensaje cristiano tiene implicaciones sociales y políticas. Sin embargo, no son el objetivo último del Evangelio, sino más bien efectos que fluyen de la conversión radical del corazón de la persona. La función propia del gobierno no es la redistribución de la riqueza, sino la adjudicación de la justicia y la promoción del bien común, que es «el conjunto de condiciones de la vida social que hacen posible a las asociaciones y a cada uno de sus miembros el logro más pleno... de la propia perfección».[81]

Un sistema jurídico justo militará contra la adquisición y acumulación injustas de riqueza, ya sea por parte de los gobiernos —como cuando saquean la propiedad en las guerras o mediante impuestos injustos o una política monetaria inflacionista— o por ladrones en callejones.

81. Concilio Vaticano II, *Constitución pastoral «Gaudium et spes»*, n.º 26, Ciudad del Vaticano, <https://www.vatican.va/archive/hist_councils/ii_vatican_council/documents/vat-ii_const_19651207_gaudium-et-spes_sp.html>.

El sistema de creencias judeocristiano tiene sus raíces en la historia. Tanto el judaísmo como el cristianismo son religiones históricas que derivan gran parte de su autocomprensión de acontecimientos históricos —el Éxodo y la Resurrección, por ejemplo— que fueron formativos de sus creencias. Con el tiempo, el significado de esas creencias ha llegado a entenderse a un nivel más profundo, con el desarrollo y el refinamiento de sus implicaciones.

Los escritores del período bíblico vivían en una economía agraria preindustrial, y la Biblia contiene concepciones y categorías verdaderas, aunque en gran medida precientíficas, sobre el tema de la economía. En un mundo marcado por la experiencia de la Revolución Industrial y —más recientemente aún— por el avance de la tecnología de las comunicaciones y la inteligencia artificial, en el que cada vez más personas de todo el mundo son más prósperas y viven más y mejor que sus antepasados, resulta imperativo para la credibilidad permanente del cristianismo que los pensadores cristianos desarrollen una comprensión clara de las cuestiones relativas a la economía.

Es imperativo que estas realidades de la existencia humana se consideren a la luz de toda la revelación cristiana, para que el Evangelio pueda anunciarse a las nuevas generaciones en un lenguaje que puedan entender. En las próximas décadas, a medida que sociedades enteras de todo el mundo entren en los círculos de intercambio y lleguen a comprender por sí mismas que los mercados producen prosperidad, la nueva prosperidad planteará un verdadero desafío pastoral al cristianismo. En la medida en que la gente comprenda los beneficios y el funcionamiento de las economías de mercado, aunque sólo sea a nivel práctico, las instituciones que no tengan en cuenta estas realidades perderán su credibilidad como portadoras de la verdad.

Para que la Iglesia sea capaz de enfrentarse a los desafíos morales que surgen en un mundo en el que la gente es más rica que nunca, tendrá que reconocer lo inadecuado de sostener una economía basada en la agricultura de subsistencia —o en políticas redistributivas que podrían devolver al mundo a esa pobreza— como la clave del florecimiento humano. Si bien es cierto que «a los pobres los tenéis siempre con vosotros» (Marcos 14, 7), también lo es que la población mundial actual es mucho más rica que la de los primeros que escucharon esas palabras de Jesús.

Antes de la llegada del capitalismo moderno y de la Revolución Industrial, los ricos eran en gran parte funcionarios del Estado, recaudadores de impuestos, intelectuales de la corte, clérigos cómplices, comerciantes y terratenientes que se beneficiaban de los favores del monarca, junto con parásitos que se lucraban comerciando con el acceso a esos favores. El sustento de esta pequeña minoría de ricos favorecidos por la suerte dependía en gran medida de los impuestos, la guerra y el saqueo. Pero ahora la riqueza puede acumularse en actividades productivas que beneficien a la sociedad en general, y todos menos un pequeño número de estadounidenses, europeos occidentales y un número cada vez mayor de latinos y asiáticos, así como africanos, hoy en día, podrían considerarse «ricos» según los criterios bíblicos. La cultura occidental que se formó en torno a la ética judeocristiana sobre el trabajo, la propiedad y contra el robo significó que el mundo entero se ha vuelto mucho más productivo —y más rico— de lo que era hace dos mil años.

A medida que las cosas siguen mejorando a nivel mundial, es fundamental que los líderes religiosos en particular aborden una cuestión moral planteada por esa mejora. En pocas palabras, en la realidad de la mejora humana tal y como se ha venido desarrollando durante aproximadamente el último siglo y medio, no todo el mundo ha mejorado o mejorará al mismo ritmo. No todas las regiones o países lo harán al mismo tiempo ni a la misma velocidad. Este desfase invita fácilmente a la envidia, que puede utilizarse políticamente en nombre de una causa moral. Pero una comprensión sobria y lúcida de lo que está ocurriendo realmente en el plano económico puede permitirnos entender la elección por lo que realmente es. Cuando observamos cómo la población mundial salió realmente de la pobreza, queda claro que la redistribución de la riqueza no es el mejor camino; al contrario, la creación de una riqueza ampliamente distribuida es el camino pacífico y viable. Ésa es la principal lección económica de los últimos siglos.

El mandato de Jesús «¡ay de los ricos!» ¿es una condena de la riqueza como tal, o una advertencia contra su búsqueda como fin en sí mismo? Como hemos visto, san Pablo no dice que el dinero en sí sea malo, sino que «el amor al dinero es la raíz de todos los males, y algunos, arrastrados por él, se han apartado de la fe y se han acarreado muchos sufrimientos» (1 Timoteo 6, 10). Parece claro que este texto no se refiere tanto a las monedas o dólares (o denarios o talentos), o incluso a la fabricación y acumulación de dinero, como a hacer de la búsqueda de ganancias materiales el propósito de la propia vida, independientemente de las preocupaciones morales. El Eclesiastés completa el cuadro diciéndonos: «Quien ama el dinero nunca se sacia; quien ama la abundancia no le saca provecho. También esto es vanidad» (Eclesiastés 5, 9).

¿Debemos vender todo lo que tenemos?

Cada uno de los evangelios sinópticos conserva el recuerdo de una ocasión en la que un joven rico (o «gobernante») se acerca a Jesús en busca de dirección espiritual (Mateo 19, 16-21; Marcos 10, 17-29; Lucas 18, 18-30). Al parecer, el discípulo potencial tiene un profundo deseo de vivir rectamente. Pregunta: «Maestro bueno, ¿qué haré para heredar la vida eterna?» (Marcos 10, 17). Después de recordar al joven los mandamientos y de asegurarle que los ha guardado toda su vida, Jesús parece leer el corazón de este hombre. Le llama a algo más profundo que todo su éxito y riqueza anteriores: «Jesús se quedó mirándolo, lo amó y le dijo: "Una cosa te falta: anda, vende lo que tienes, dáselo a los pobres, así tendrás un tesoro en el cielo". A continuación, le hace la misma invitación que a Pedro y Andrés: "Sígueme"». (Marcos 10, 21). He bromeado diciendo que si el hombre hubiera respondido afirmativamente, podríamos haber tenido un decimotercer apóstol.

Este encuentro prepara el terreno para la enseñanza de Jesús sobre la naturaleza radical y el coste del discipulado. Aquí es donde surge la famosa frase tantas veces relatada en los debates sobre la riqueza y el éxito económico: «Hijos, ¡qué difícil es entrar en el reino de Dios para los que confían en las riquezas! Es más fácil que un camello pase por el ojo de una aguja, que un rico entre en el reino de Dios» (Marcos, 10, 24-25). Esa vívida metáfora, que aparece a mitad del relato, es quizá su parte más memorable.

A menudo, las palabras de Jesús se consideran una denuncia de la riqueza, o una indicación de que la riqueza es incompatible con el discipulado. Curiosamente, la gente rara vez recuerda la totalidad de la instrucción de Jesús.

De hecho, ¡primero se le dice al joven que debe dedicarse al comercio! Jesús le dice: «Vete, vende todo lo que tienes y dáselo a los pobres». Al joven rico no se le dice que destruya sus posesiones o que simplemente regale todo lo que tiene. Sin embargo, así es como la mayoría de la gente recuerda este pasaje. Eso vendrá, sin duda, pero primero tiene que vender todas sus posesiones, liquidar lo que posee. «Liquidar» una propiedad es hacerla más fluida (como sugiere la palabra), es decir, utilizable de un modo que antes no lo era. Cuando uno vende algo, realiza un intercambio de valores. Si este hombre espera ayudar al máximo a los pobres, a los que finalmente se entregará el producto de la venta, es de suponer que tratará de obtener un buen precio por su propiedad. El beneficio final para los necesitados sería el resultado de su capacidad de obtener beneficios, y este mismo acto de empresa o intercambio se convertiría en la forma en que demostraría su fidelidad al mandato de Jesús. Su riqueza sería una herramienta —una que no puede ser intrínsecamente mala, porque Jesús le ordenó usarla—. Y lo mismo ocurre no sólo con su riqueza, sino con su compromiso en el intercambio comercial: el beneficio que obtendría de la venta se convertiría en el medio para beneficiar a otros.[82]

Por supuesto, nada de esto llegó a suceder. El hombre se dio por vencido y se marchó triste «porque tenía muchas posesio-

82. Al menos merece la pena señalar que, aunque Jesús ordena al joven que venda y «dé a los pobres» en cada uno de los relatos sinópticos, en ninguno de ellos queda claro que se le diga que dé todo el producto de esta venta a los pobres, sino sólo que «dé a los pobres».

nes» (Marcos 10, 22). Jesús resume el encuentro con una sobria advertencia sobre el coste del discipulado: «Hijos, ¡qué difícil es entrar en el Reino de Dios para los que confían en las riquezas!» (Marcos 10, 24). El discipulado es realmente arduo, si se toma en serio, porque siempre exigirá un sacrificio, una cruz que soportar. Y las cruces tienen formas y tamaños diferentes, según lo que sea más importante para cada persona. Ahora viene una de las metáforas más memorables de toda la Biblia: «Es más fácil que un camello pase por el ojo de una aguja, que un rico entre en el reino de Dios» (Marcos 10, 24). Puedes imaginarte con qué frecuencia me preguntan por este versículo. En cambio, la última línea de esta perícopa —la que proporciona la clave para entender todo el encuentro— casi nunca se recuerda. Detente un momento, sin seguir leyendo, a ver si recuerdas cuál es: ¿Cuál nos dice Jesús que es la moraleja de esta historia?

Los propios discípulos de Jesús están desconcertados: «Y se asombraron sobremanera, diciendo entre sí: ¿Quién, pues, podrá salvarse?» (Marcos 10, 26).

Ahora viene lo más importante. «Para los hombres es imposible, pero no para Dios, porque para Dios todo es posible» (Marcos 10, 27). La humanidad, con todas sus capacidades y logros, no puede comprar una relación eterna con Dios. El joven rico (y a través de él, cada uno de nosotros) recibe una lección fundamental: la riqueza no puede ser el objetivo de nuestra vida. No debemos «confiar en las riquezas». El joven fue llamado a emplear sus talentos, es decir, a dedicarse al comercio, pero con un objetivo más elevado que el resultado final. Él, y nosotros, debemos ver la riqueza no como un fin, sino como un medio para un fin mayor: el discipulado. ¿Cómo puede interpretarse este pasaje en el sentido de que el comercio o la riqueza que produce son intrínsecamente malos, cuando Jesús lo ordena claramente?

La visión de conjunto me llegó en el seminario, en mi primer día en un curso de teología moral, que aún recuerdo vívidamente. El profesor comenzó la clase con una pregunta que me hizo reflexionar: «¿Cree que el estudio de la moral le convierte en una persona más moral?».

Siguió un debate a favor y en contra. Al final llegué a la conclusión de que el estudio de la teología moral podía ser peligroso, pues en la medida en que adquiría una mayor conciencia de mis responsabilidades morales, aumentaba también mi obligación de vivir la ley moral. Mientras que la ignorancia invencible puede conseguirnos un pase, el conocimiento aumenta la obligación. Lo mismo ocurre con la riqueza.

Y, sin embargo, se puede leer a un teólogo argumentando en una importante revista «conservadora» que «el Nuevo Testamento trata esa [enorme] riqueza no sólo como un peligro espiritual, y no sólo como una bendición de la que no se debe abusar, sino como un mal intrínseco».[83] Se podría pensar que los teólogos, los estudiosos de la Biblia y el clero lo sabrían mejor. Pero este malentendido es demasiado común.

Una comprensión real de lo que es la riqueza podría despejar un poco la niebla, aunque el reto de cómo los creyentes fieles deben utilizar los recursos abundantes permanecería. ¿No es la riqueza simplemente el total de recursos u oportunidades que las personas tienen a su disposición? A medida que estos recursos y oportunidades aumentan, también lo hace la responsabilidad concomitante de que estas oportunidades se utilicen bien, moral y responsablemente. Vemos esta ética expresada en los evangelios, por ejemplo, en Lucas 12, 48, donde leemos: «Al que mucho se le dio, mucho se le reclamará». Con este telón de fondo, podemos examinar algunas otras referencias relacionadas con nuestro tema que se encuentran en otras partes del Nuevo Testamento.

No se puede servir a Dios y al dinero

La palabra *dinero, riquezas* (*mammon*, en inglés[84]) se utiliza en Mateo 6, 24 y Lucas 16, 9-13. Con un poco de estudio, aprendemos que *mammon* deriva del hebreo para «aquello en lo que uno

83. Hart, David Bentley, «Mammon ascendent», *First Things*, junio del 2016.

84. Se ha optado por dejar la palabra en inglés por el carácter específico del análisis que ofrece aquí el autor. *(N. del t.)*

confía» y que en arameo significa 'riquezas' (*riches*) o 'riqueza' (*wealth*).[85] Sin embargo, tal como se utiliza en la Biblia, *mammon* no es algo físico, sino espiritual: se refiere a un estado de ánimo —amor distorsionado, afecto exagerado o apego desequilibrado al dinero—. Está claro que Jesús matiza el uso que hace del término *mammon*, considerándolo pecaminoso en la medida en que se sirve al dinero con preferencia a Dios. Así, mientras que en ambos pasajes dice: «No podéis servir a Dios y a las riquezas» (Mateo 6, 24; Lucas 16,13), en Lucas habla específicamente de «las riquezas injustas» y de «dinero de iniquidad» (Lucas 16, 9). Las condenas y advertencias sobre el dinero o la riqueza en el Nuevo Testamento se refieren a las actitudes de la persona hacia el dinero, no sólo a su posesión, ni mucho menos a su existencia como tal. Como vimos en la historia del joven rico, no son sólo «los ricos», sino específicamente los que «confían en las riquezas» los que tienen dificultades para entrar en el reino.

Riquezas y extravagancia

Un ejemplo de este enfoque equilibrado puede verse en las repetidas referencias de Jesús a los «ricos». Si nos preguntamos qué significaba ser rico en el mundo y en la época en que habló Jesús (la Palestina del siglo I), podremos comprender mejor su mensaje e intención. En un mundo preindustrial, la riqueza y la pobreza se asociaban a cosas distintas de la economía. A lo largo de la historia de la humanidad, la riqueza era en gran medida estática y se obtenía con mayor frecuencia mediante el contubernio político, el robo y la guerra. Con menos frecuencia derivaba del comercio, la inversión o la productividad, tal y como entendemos estos conceptos hoy en día.

En su mayor parte, las personas que viven en sociedades económicamente libres se enriquecen no expropiando o empobreciendo a los demás, sino precisamente cooperando con ellos,

85. Fitzmyer, Joseph, *The Gospel According to Luke*, Doubleday, Estados Unidos, 1981-1985, p. 1109.

comprendiendo las necesidades de la gente y trabajando para satisfacerlas. Esto requiere asumir el riesgo inherente a todos los proyectos económicos, emplear una mayor eficiencia en el servicio comprometiéndose con los demás con respeto, establecer un historial de honestidad y fiabilidad, mirar hacia delante, estar dispuesto a retrasar la gratificación inmediata por una recompensa futura, fruto de la creatividad. Esto es productividad. La oración a Dios de «confirma la obra de nuestras manos» en el salmo 90, 17 es un buen ejemplo de una persona que pide a Dios que sus actividades, incluidas las financieras, sean productivas, exitosas e incluso rentables.

El cristianismo no condena este planteamiento. Al contrario, si bien no inventó exactamente esta forma de crear riqueza, el cristianismo le aportó forma, sustancia y claridad moral. Éstos son los valores que enseñan las Escrituras, y ésta es la cultura que surgiría de las palabras de los apóstoles y de Jesús, y que encarnarían los santos y los mártires y vivirían los mejores y más nobles líderes políticos y estadistas a lo largo de la historia. Los valores del Evangelio promueven el bien común, y cuando toda una sociedad está formada por esos valores a lo largo del tiempo, los beneficios de un comportamiento virtuoso y la prosperidad que crea pueden fluir a todas las clases de la sociedad. Algunas personas especialmente creativas, honestas, arriesgadas, laboriosas y (sí) afortunadas serán más ricas que otras, pero sus extraordinarios esfuerzos también beneficiarán a los demás, elevando el nivel general de riqueza y prosperidad a su alrededor.

Una visión opuesta puede verse en un libro de José Porfirio Miranda. En su obra *El comunismo en la Biblia*, escribe que «nadie puede tomar en serio la Biblia sin concluir que, según ella, los ricos, por ser ricos, deben ser castigados». Continúa diciendo: «Toda riqueza diferenciadora es mal habida... por lo tanto ser rico es ser injusto».[86]

Pero el hecho es que muchos de los ricos entre nosotros —empresarios brillantes y productivos, capitalistas, inversores—

86. Miranda, Jose Porfirio, *Communism in the Bible*, Orbis, Estados Unidos, 1992.

han participado en la creación del mundo tal como lo conocemos, con muchos beneficios para los que no se cuentan entre los ricos. En nuestro mundo, como hemos visto, la prosperidad generalizada sustenta ahora una población sin precedentes de ocho mil millones de personas por primera vez en la historia. En nuestro mundo, el número de personas que viven en la pobreza se ha reducido a la mitad a partir de la Revolución Industrial y hasta el siglo xx —y se ha vuelto a reducir a la mitad durante éste— a medida que el talento, los riesgos y el duro trabajo de inventores, empresarios e inversores se han puesto al servicio de sus semejantes en la economía de mercado. Por ello, «los ricos» merecen nuestro respeto y alabanza, no un desprecio sarcástico.

Es cierto que el éxito material conlleva la tentación de la indulgencia excesiva y del uso de la riqueza con fines de poder y no de mera persuasión. Del mismo modo, la pobreza y la necesidad tientan a muchos a la envidia, la amargura, la desesperación y el robo. Pero en ambos casos, la tentación puede resistirse. Concedamos que podemos distinguir el tamaño de nuestras cuentas bancarias (ya sean abultadas o exiguas) del estado de nuestras almas.

Las amonestaciones de nuestro Señor sobre las riquezas deben ser mediadas a través de la conciencia del creyente, no de la agencia del Estado. Un enfoque más equilibrado evitará que añadamos legitimidad a las ambiciones del Estado central. Deberíamos tomar ejemplo del modo en que Gregorio Magno interpretó la historia del rico y Lázaro: «Pues no fue la pobreza lo que condujo a Lázaro al cielo, sino la humildad; ni fue la riqueza lo que impidió al rico alcanzar el descanso eterno, sino su egoísmo y su impiedad».[87]

Una perspectiva ética sobre la posesión de riquezas está bien expresada en el salmo 39, que no denuncia la riqueza como tal, sino que la sitúa en el contexto más amplio de la realidad humana y, de hecho, de la eternidad: «Señor, dame a conocer mi fin y

87. Gregory the Great: Homilies on the Gospel of St. Luke, 40:2 citado en Fernandez, Francis Fernandez, *In Conversation with God: Meditations for Each Day of the Year*, vol. 2 (Strongsville, Ohio: Scepter Publishing, 1989).

cuál es la medida de mis años, para que comprenda lo caduco que soy. Me concediste un palmo de vida, mis días son nada ante ti; el hombre no dura más que un soplo, el hombre pasa como una sombra, por un soplo se afana, atesora sin saber para quién» (salmo 39, 5-7). Esta reflexión aleccionadora y honesta, que demuestra cómo tener las riquezas, con desapego, en esta vida, es un ejemplo que puede ayudarnos a cortar con la tendencia a acapararlas y aferrarnos a ellas. Al fin y al cabo, incluso el mayor patrimonio es minúsculo cuando se contempla con el telón de fondo de la eternidad. Este punto, a menudo olvidado por los que mejor lo saben, es un poderoso correctivo a la tendencia a aferrarse y acumular.

Las Bienaventuranzas y los amigos ricos de Jesús

Las Bienaventuranzas se encuentran entre los dichos más poéticos y memorables de Jesús recogidos en el Nuevo Testamento. Pero a menudo son utilizadas por quienes quieren convertir el Evangelio en un programa político y se utilizan para denunciar la productividad económica o la acumulación de riqueza como codicia. Esto sólo puede lograrse tomando las palabras del Señor de forma demasiado simplista y selectiva. Esto queda claro si simplemente se leen las Bienaventuranzas en su contexto.

«Bienaventurados vosotros los pobres», dice Jesús, «pero ¡ay de vosotros los ricos! porque ya tenéis vuestro consuelo. ¡Ay de vosotros, los saciados, porque tendréis hambre! Ay de vosotros, que ahora reís, porque lloraréis y os lamentaréis». Seguramente estas frases no constituyen una denuncia de los estómagos llenos ni de la experiencia de la alegría y la risa. Comprendemos casi intuitivamente que en estas referencias la lección trata de los excesos, no simplemente de la convivencia o de tener suficiente para comer. Politizar estas palabras, como intentan hacer algunos exégetas, convirtiéndolas en un llamamiento a redistribuir la riqueza, es una injusticia para su intención original. Reducir las palabras de Jesús a una plataforma política es burlarse del punto profundo del elocuente y desafiante sermón del Señor, a saber, que ni la satisfacción ni el cielo se alcanzan por la riqueza, ni por ningún placer o logro terrenal.

Una exégesis equilibrada requiere que empleemos toda la Escritura, leída con el telón de fondo de cómo la han leído los cristianos a lo largo de los siglos y una comprensión histórica de lo que ha formado la conciencia cristiana durante dos mil años. («Las vidas de los santos son las notas a pie de página de los evangelios», dijo alguien una vez.)

Si bien es cierto que una de las características distintivas del ministerio de Jesús fue su constante atención a los marginados y parias, sería demasiado materialista suponer que se trataba sólo de los económicamente marginados —aunque, por supuesto, sin duda los incluía.

El indicio más claro de que Jesús tendió la mano a las clases marginadas más allá de los pobres es que su «reunión a la mesa» incluía a amplias clases de personas.[88] Hay acuerdo general en que incluía a los pobres, pero a los pobres en un sentido más amplio que el de los que carecían de recursos económicos. Los escribas y fariseos comentaban que Jesús comía con pecadores y recaudadores de impuestos, es decir, con agentes judíos de la fuerza romana de ocupación, que eran ricos, pero odiados por los demás judíos.[89]

Jesús también se relacionaba con samaritanos, a pesar de que, como comenta el Evangelio de san Juan, «los judíos no tienen trato con los samaritanos» (Juan 4, 9). También incluyó en su círculo a mujeres, sobre todo a las marginadas por ser conocidas pecadoras, o a las que se encontraban en otras circunstancias difíciles (ya fueran morales, espirituales o físicas). Ayudó a los gentiles (véanse Mateo 8, 5-13 y Lucas 7, 1-10), permitió que los leprosos se le acercaran (Mateo 8, 2-3, Marcos 1, 40-42 y Lucas 5:12-13), y dijo la famosa frase: «Dejad a los niños venir a mí, y no se lo impidáis, porque de los tales es el reino de los cielos» (Mateo 19, 14). Y aunque el Señor tuvo conflictos con los dirigentes reli-

88. Blomberg, Craig. «Jesus, sinners, and table fellowship», *Bulletin for Biblical Research*, 19, 1 (2009), pp. 35-62.

89. Véanse Mateo 9,11; Marcos 2,16, y Lucas 5,30.

giosos, incluso algunos de esa clase eran sus discípulos más cercanos: José de Arimatea, por ejemplo, era miembro del sanedrín (véanse Lucas 15, 43 y 23, 50-51).

Los conflictos de Jesús con los ricos se debían más a su arrogancia y orgullo que a su riqueza; los condenaba por su desdén o desprecio hacia los pobres, más que por sus posesiones. Esto se pone de manifiesto en varias de las relaciones que Jesús mantuvo con personas adineradas. Más que ninguna otra mujer, aparte de María, la madre de Jesús, María de Magdala (una aldea a orillas del mar de Galilea) es un personaje central de los evangelios. Acompañó a Cristo hasta la cruz y fue de las primeras en encontrarse con el Señor recién resucitado. Jesús le confiaría la misión de llevar la noticia de su resurrección a sus apóstoles, escondidos en Jerusalén. Ese hecho le ha valido el título de «Apóstol de los Apóstoles». A lo largo del tiempo han surgido diversas confusiones sobre María Magdalena en los evangelios, debido a la falta de información detallada que se proporciona sobre ella, así como a lo común del nombre María entre las personas cercanas a Jesús: su madre, la hermana de Marta y Lázaro, la esposa de Cleofás, etcétera. No hay pruebas de que María Magdalena fuera una prostituta reformada; lo que sabemos de ella es que era una mujer de la que se habían exorcizado siete demonios (véase Lucas 8, 2). Intrigante —e importante para nuestros propósitos— es la cuestión de su situación económica.

De hecho, se describe a María como una de las mujeres que «le servían de sus bienes» (Lucas 8, 3), es decir, las primeras benefactoras que apoyaban la labor de Jesús y sus apóstoles. Evidentemente, ella y las otras mujeres mencionadas disponían de algunos recursos superfluos —la definición misma de riqueza—. (Durante la ocupación romana, Magdala se consideraba una de las ciudades más prósperas, con grandes ingresos fiscales. Tal vez esta prosperidad estuviera vinculada a la fábrica fenicia de tinte de conchas que se excavó en sus ruinas en 2019. El tinte púrpura era raro en el mundo antiguo y se asociaba a la realeza que podía permitirse su compra.)

El ejemplo de Jesús de conseguir y aceptar la ayuda de benefactores ricos fue seguido por san Pablo en su encuentro con Lidia, evidentemente una exitosa mujer de negocios de Tiatira, que pudo haber obtenido su riqueza de una empresa similar a la de María Magdalena. Lidia, considerada la primera mujer convertida al cristianismo en Europa, acogió en su casa a san Pablo y a todo su séquito durante su misión (Hechos de los Apóstoles 16, 40-17, 1).

José de Arimatea, el seguidor de Jesús que, como hemos visto, era miembro de la cúpula religiosa judía, aparece mencionado en los cuatro evangelios. Mateo lo describe como «un hombre rico» (Mateo 27, 57), y los cuatro evangelios informan de que proporcionó una tumba y un sudario de lino para el entierro de Jesús (Mateo 27, 57-61, Marcos 15, 43-47, Lucas 23, 50-55, y Juan 19, 38-42).

Consideremos por un momento estas intrigantes referencias a la envoltura del cuerpo de Jesús en una tela de lino. Este incidente evoca el recuerdo de la cuaterna de soldados romanos que, al desnudar a Jesús en la crucifixión, descubrieron entre las pocas posesiones del Señor una prenda «sin costura, tejida de arriba abajo» que consideraron de gran valor (ver Juan 19, 23). Esta prenda sin costuras podría compararse hoy con un traje de Savile Row,[90] lo que nos lleva a preguntarnos cómo es que un predicador judío itinerante que «no tenía dónde reclinar la cabeza» (Mateo 8, 20) llegó a poseer una prenda de vestir tan cara, y por qué, si despreciaba visceralmente todos los adornos de la riqueza como tales, no la había desechado o regalado antes del Calvario.

El vestido sin costuras, la tumba del rico, el sudario de lino y —como veremos— la unción con aceite caro que Judas consideró un despilfarro indican que, además de los pobres y marginados a los que Jesús amaba y de los que estaba cerca, también había patrocinadores ricos, hombres y mujeres, de su ministerio que también eran sus colaboradores cercanos, y que Jesús no condenaba la riqueza en sí misma.

90. El autor hace referencia a una discreta y exclusiva sastrería londinense (cuyo nombre proviene de una calle del barrio Mayfair de Londres) que lleva más de doscientos cincuenta años vistiendo a reyes, aristócratas, ricos y famosos. *(N. del t.)*

La unción de Jesús con aceite

Consideremos por un momento la extravagante unción de los pies de Jesús con «ungüento de nardo, muy costoso» (Juan 12, 3). Hay varias versiones de la unción de los pies de Jesús en distintos evangelios, con diversos detalles.

Los relatos de Mateo (26, 6-13) y Marcos (14, 3-9) muestran a una mujer sin nombre, y ninguno menciona el coste exacto del aceite. Lucas (7, 36-50) menciona a una «mujer pecadora». Como suele ocurrir con los evangelios sinópticos, estos relatos son bastante similares, cada uno de ellos sitúa el lugar como la casa de Simón, pero difieren en pequeños detalles. Juan es el único evangelista que nombra a la mujer como María, hermana de Marta, y sitúa el suceso en su casa de Betania. Éste es el relato de Juan:

> Seis días antes de la Pascua, fue Jesús a Betania, donde vivía Lázaro, a quien había resucitado de entre los muertos. Allí le ofrecieron una cena; Marta servía, y Lázaro era uno de los que estaban con él a la mesa. María tomó una libra de perfume de nardo, auténtico y costoso, le ungió a Jesús los pies y se los enjugó con su cabellera. Y la casa se llenó de la fragancia del perfume. Entonces dijo uno de sus discípulos, Judas Iscariote, hijo de Simón, el que le habría de entregar: ¿Por qué no se vendió este ungüento por trescientos denarios, y se dio a los pobres? Esto lo dijo no porque le importasen los pobres, sino porque era un ladrón; y como tenía la bolsa, se llevaba de lo que iban echando. Jesús dijo: «Déjala; lo tenía guardado para el día de mi sepultura; porque a los pobres los tenéis siempre con vosotros, pero a mí no siempre me tenéis» (Juan 12, 1-8).

Como nuestro estudio se centra en las dimensiones económicas de los evangelios, dejaré de lado las diferencias entre los distintos relatos evangélicos (y cuestiones como si son recuerdos de dos hechos distintos, o del mismo), y me concentraré en la línea esencial del relato y en las cuestiones económicas que se derivan de él.

Este acto representaría un derroche excesivo para una mujer:

tal vez los ahorros de toda su vida. El coste del aceite habría representado aproximadamente el salario de un año de un obrero. Veamos la reacción ante la prodigalidad de su despliegue por parte de quienes rodeaban a Jesús y a esta mujer —ya fuera Judas, como se nombra en Juan, o discípulos anónimos de Jesús, como en Mateo (26, 8-9) y Marcos (14, 4-5)— y preguntémonos qué podemos aprender de su respuesta.

Consideremos la objeción de Judas, relatada por Juan: «Entonces dijo uno de sus discípulos, Judas Iscariote, hijo de Simón, el que le había de entregar: ¿Por qué no se vendió este ungüento por trescientos denarios, y se dio a los pobres?» (Juan 12, 4-5). La queja de Judas expresa la perenne yuxtaposición del lujo con las necesidades de los pobres; en términos económicos, la falacia de la suma cero. Esta queja sobre la unción retrata las cosas desde una perspectiva muy común, pero bastante truncada. Judas sólo ve el coste del nardo, no el amor que motivó la prodigalidad. Como dice Jesús: «Déjala; lo tenía guardado para el día de mi sepultura; porque a los pobres los tenéis siempre con vosotros, pero a mí no siempre me tenéis» (Juan 12, 7-8).

Y, al menos en el caso de Judas, la pretendida preocupación por los pobres es una tapadera de su propia codicia y deshonestidad. Judas hablaba en realidad por avaricia —su deseo de controlar el dinero que María había gastado en el nardo aromático para ungir los pies de Jesús—: «Esto lo dijo no porque le importasen los pobres, sino porque era un ladrón; y como tenía la bolsa, se llevaba de lo que iban echando» (Juan 12, 6). Su codicia, que es el verdadero motivo de su pretendida preocupación por los pobres, le ciega ante el amor demostrativo de María.

Aunque sea auténtico, el amor que se profesa a los pobres no basta para mejorar sus vidas. Es demasiado fácil denunciar el consumo de bienes de lujo y contrastar ese consumo con las terribles condiciones de los necesitados, sin hacer nada para ayudarles de forma efectiva.

Las palabras de Jesús a Judas: «Porque pobres siempre tendréis con vosotros» (Juan 12, 8) no deben interpretarse como un rechazo de la tragedia de la pobreza, ni mucho menos como un desaliento o un desprecio de la obligación de ayudar a los pobres, sobre todo teniendo en cuenta el contexto, que es la práctica asumida de donaciones caritativas por parte de Jesús y sus discípulos (véase Juan 12, 6 y 13, 29). Sus palabras son, más bien, un eco de Deuteronomio 15, 11, que toma el hecho de que «nunca dejará de haber pobres en la tierra» como razón para derramar caridad sobre ellos: «Nunca dejará de haber pobres en la tierra; por eso, yo te mando: Abre tu mano a tu hermano, al indigente, al pobre de tu tierra».

La purificación del templo

La «purificación del templo», como suele llamarse el relato de Jesús echando a los cambistas, es un argumento fácil para quienes quieren afirmar que Jesús desdeñó el intercambio económico y el comercio para promover la idea de un antagonismo natural entre el dinero y Dios. Pero esta lectura superficial sólo puede mantenerse en la medida en que una persona no esté dispuesta a sondear las profundidades del relato y preguntarse qué pretendía realmente Jesús con sus acciones.

La purificación del templo se relata en los cuatro evangelios (Mateo 21, 12-17, Marcos 11, 15-19, Lucas 19, 45-48, y en Juan 2, 13-16), aunque de nuevo los detalles difieren entre ellos. En la descripción de Mateo, «Entró Jesús en el templo y echó fuera a todos los que vendían y compraban en el templo, volcó las mesas de los cambistas y los puestos de los vendedores de palomas. Y les dijo: "Está escrito: 'Mi casa será casa de oración, pero vosotros la habéis hecho una cueva de bandidos'"» (Mateo 21, 12-13).

La purificación del templo es el único caso en el que se asocia a Jesús con la violencia, algo que queda fuera de nuestro ámbito, pero notable en sí mismo. Como resultado, gran parte de los comentarios sobre el incidente son un debate entre la teoría de la guerra justa y el pacifismo en el pensamiento cristiano. Nuestra atención se centra en lo que significa la acción de Cristo en relación con la actividad comercial y el dinero, tanto en su significado económico como en el teológico.

El papa Benedicto XVI (Joseph Ratzinger) esboza sucintamente una antigua interpretación política del ministerio de Jesús en general, que retrata el enfrentamiento como un celoso acto de violencia contra las autoridades del templo, a las que se consideraba colaboradoras de los colonizadores imperialistas romanos. Como señala, esta línea de comentarios sobre el incidente llegó a un *crescendo* en la década de 1960. Ratzinger contrasta el enfoque político con una interpretación escatológica que presenta la limpieza del templo como un eco de las expectativas del Antiguo Testamento.[91]

Para algunos, la propia expresión *cambistas* puede connotar codicia, explotación e injusticia. Y la expresión *cueva de ladrones* puede dar crédito a una interpretación que equipare los negocios con el robo. Pero en realidad procede de Jeremías 7, 11: «¿Creéis que es una cueva de bandidos este templo dedicado a mi nombre? Atención, que yo lo he visto, dijo el Señor». La expresión *cueva de ladrones* resume una lista de iniquidades como el asesinato, el adulterio, la idolatría, el falso testimonio; «Mirad: Vosotros os fiais de palabras engañosas que no sirven de nada. ¿De modo que robáis, matáis, adulteráis, juráis en falso, quemáis incienso a Baal, seguís a dioses extranjeros y desconocidos, y después entráis a presentaros ante mí en este templo, dedicado a mi nombre, y os decís: "Estamos salvos", para seguir cometiendo esas abominaciones?» (Jeremías 7, 8-10).

Binding the Strong Man, de Ched Myers, es un ejemplo de una interpretación muy politizada, e incluso revolucionaria, de este episodio (y, para el caso, de todo el Evangelio de Marcos).[92] Aunque admite que Jesús no se sorprendió «como tal» de que hubiera actividad comercial en el templo, Myers concluye que «lo que Jesús ataca son los intereses de la clase dominante que controla las empresas comerciales del mercado del Templo». Myers ve la acción disruptiva de Jesús como una llamada, «para poner fin a todo el sistema de culto ... [que] representaba los mecanismos concre-

91. Joseph Ratzinger, *op. cit.*

92. Myers, Ched, *Binding the strong man: A political reading of Mark's story of Jesus*, Orbis Books, Estados Unidos, 2017.

tos de opresión dentro de una economía política que explotaba doblemente a los pobres y a los impuros».[93]

En lugar de ver la acción de Jesús como una respuesta a una injusticia concreta por parte de los cambistas que engañaban a sus compañeros judíos manipulando la moneda, o de reconocer la intención fundamentalmente escatológica del Señor, Myers sostiene que la intención de Jesús era revolucionaria: pretendía derribar el templo y todo su «sistema cúltico».

Pero en realidad los cambistas ofrecían un servicio necesario a los peregrinos, que necesitarían convertir la moneda con la que habían llegado, que a menudo llevaba imágenes paganas o el retrato del césar, al que los romanos adoraban como a un dios (véase Marcos 12, 15-17). Se consideraba que tales imágenes profanaban el templo; de ahí la necesidad de un cambio de moneda en el Patio de los Gentiles. Además, en lugar de tener que buscar y comprar en los mercados locales animales sin manchas aptos para el sacrificio en el templo, los peregrinos podían obtenerlos más cómodamente dentro del recinto, reduciendo así la posibilidad de que los sacrificios se mancharan durante el transporte.[94]

Pero robar a los peregrinos cobrándoles de más por los animales y envileciendo la moneda también podía profanar el templo; de hecho, tal explotación podía ser una ofensa religiosa aún mayor.[95] Estas violaciones de la Ley mosaica serían suficientes para enfurecer a cualquier rabino digno.

En lugar de constituir una exégesis fiable del incidente, las interpretaciones políticas revolucionarias de este acontecimiento suponen una hostilidad implícita al intercambio comercial como tal, retratando todo intercambio libre como una «cueva de ladrones», es decir, un sistema capitalista de explotación. Pero

93. Ibídem, p. 301.

94. Snodgrass, Klyne R., «The Temple Incident», en Bock, Darrell L.; y Webb, Robert L. (eds.), *Key events in the life of the historical Jesus: a collaborative exploration of context and coherence*, Mohr Siebeck, Estados Unidos, 2009, pp. 455-460.

95. Brown, Raymond *et al.*, *The new Jerome biblical commentary*, Prentice Hall, Estados Unidos, 1990, p. 664; Jeremias, Joachim, *Jerusalén en tiempos de Jesús*, Ediciones Cristiandad, Madrid, 1977.

debemos buscar en otra parte la verdadera causa de la ira de Jesús. Su ataque a los cambistas no fue un rechazo al templo (tan central en el judaísmo), sino una batalla contra los dirigentes, y un momento para señalar más allá de ellos, e incluso del templo, hacia las realidades últimas.

Todo el ministerio de Jesús, incluidas sus acciones aquí, estaba dirigido al objetivo superior de proclamar la llegada del reino de Dios, su misión última. Se observa, por ejemplo, en el relato de Mateo, que los enfermos fueron llevados a Jesús tras su purificación del templo, una yuxtaposición que realza el significado escatológico de sus acciones, al anticipar la curación definitiva del mundo con la llegada del *eschaton*. Obsérvese que la ruptura de las mesas de los cambistas puso fin no sólo a la explotación financiera que pudiera haber tenido lugar, sino también a los sacrificios del templo, que dependían de estos intercambios, lo que apunta al sacrificio supremo de Cristo como expiación. También observamos que, en el relato de Mateo, la purificación del templo sigue a la entrada real y triunfal de Jesús en Jerusalén. En conjunto, estas acciones contienen todo tipo de simbología mesiánica y real. Compárese Zacarías 14:21, Jeremías 19, 10 y 2 Reyes 18, 23. En las Escrituras hebreas, los gestos dramáticos se utilizan a menudo para comunicar un mensaje crítico.[96]

A pesar de los argumentos de los intérpretes políticamente inclinados que culminaron en los años sesenta, las acciones de Jesús en el templo eran escatológicas y no políticas en su intención: apuntaban a un fin superior *(telos)* y a una culminación última, en palabras de Jesús, empleadas sólo en Juan, «la casa de mi Padre», una morada fuera del tiempo, a la que todas las personas están invitadas. Es una fiesta más allá de las limitaciones, donde la escasez ya no existe y donde se puede comer y beber gratuitamente, sin pagar.[97]

«El Espíritu y la esposa dicen: "¡Ven!". Y quien lo oiga, diga: "¡Ven!". Y quien tenga sed, que venga. Y quien quiera, que tome

96. Mitch, Curtis; y Sri, Edward, *Catholic commentary on Sacred Scripture: The Gospel of Matthew*, Baker Publishing, Estados Unidos, pp. 269-270.
97. Ver Zacarías 14, 21.

el agua de la vida gratuitamente» (Apocalipsis 22, 17). No hay costes en la eternidad, porque allí no hay escasez ni de tiempo ni de recursos. Por lo tanto, tampoco hay economía como tal.

¿Socialismo en la Iglesia primitiva?

Desde al menos el siglo XIX, e incluso desde la Edad Media, se ha intentado vincular el cristianismo a algún tipo de ideal comunista. La comparación clásica de ambos en el siglo XIX es de Friedrich Engels: «Tanto el cristianismo como el socialismo obrero predican una próxima salvación de la esclavitud y la miseria; el cristianismo sitúa esta salvación en una vida más allá, después de la muerte, en el cielo; el socialismo la sitúa en este mundo, en una transformación de la sociedad».[98]

Hay que reconocerle a Engels el mérito de al menos llamar la atención sobre una diferencia clave entre las dos formas de pensar: una rechaza la utopía en la tierra mientras busca la salvación en la eternidad, mientras que la otra quiere la salvación en la tierra al tiempo que rechaza la idea del cielo. Engels rechazó de plano la perspectiva cristiana de la salvación, prefiriendo una visión utópica que se llevaría a cabo por medios ideológicos, políticos e incluso violentos. Si utilizar métodos totalitarios para traer el cielo a la tierra es una empresa sabia es otra cuestión.

Hoy en día hay pensadores ansiosos por borrar la diferencia entre eternidad y tiempo. Creen que el propio cristianismo debería tratar de hacer realidad su visión del cielo aquí y ahora. Un reciente artículo escrito para *The New York Times* por David Bentley Hart, miembro del Instituto de Estudios Avanzados de Notre Dame y autor de *The New Testament: A translation*, tendía en esta dirección.[99] «Es cierto, por supuesto, que la Iglesia primitiva no era un movimiento político en el sentido moderno»,

98. Engels, Friedrich, «On the history of early Christianity», *Marxists Internet Archive*, <https://www.marxists.org/archive/marx/works/1894/early-christianity/index.htm>.

99. Hart, David Bentley, «Are Christians Supposed to Be Communists?»,

concedió. Sin embargo, «la Iglesia era una forma de gobierno, y la forma de vida que adoptó no era una mera estrategia práctica para sobrevivir, sino la encarnación de sus más elevados ideales espirituales. Su "comunismo" no era accesorio a la fe».

¿A qué se refería Hart? Véase Hechos de los Apóstoles 2, 44-45 y 4, 32-35: «Los creyentes vivían todos unidos y tenían todo en común; vendían posesiones y bienes y los repartían entre todos, según la necesidad de cada uno. [...] El grupo de los creyentes tenía un solo corazón y una sola alma: nadie llamaba suyo propio nada de lo que tenía, pues lo poseían todo en común. Los apóstoles daban testimonio de la resurrección del Señor Jesús con mucho valor. Y se los miraba a todos con mucho agrado. Entre ellos no había necesitados, pues los que poseían tierras o casas las vendían, traían el dinero de lo vendido y lo ponían a los pies de los apóstoles; luego se distribuía a cada uno según lo que necesitaba».

Cuando uno se sienta a leer realmente los pasajes de los Hechos de los Apóstoles, resulta difícil creer que algún exégeta honesto pueda deducir socialismo o desprecio por la propiedad privada de su descripción de la solidaridad de la Iglesia cristiana primitiva. Leyendo estas palabras, parece sorprendente que alguien pueda deducir cualquier forma de comunismo ideológico a partir de esta descripción.

Para empezar, es evidente que eran tiempos extraordinarios. Los primeros cristianos vivían a la espera del regreso inminente de Jesús y bajo la amenaza constante de las autoridades. Circunstancias extraordinarias justifican disposiciones extraordinarias, que no son necesariamente un modelo para tiempos ordinarios. Imagínate en un barrio azotado por un huracán. Todas las carreteras de entrada y salida están bloqueadas. Algunas personas tienen comida y otras no. Todos los vecinos se reúnen y se ayudan, sabiendo que en algún momento volverá la normalidad. No hay refrigeración, así que la carne se descongela a pesar de todo. La gente la cocina y la comparte con los demás. Las personas cuyas casas han

---

The New York Times, 4 de noviembre del 2017, <https://www.nytimes.com/2017/11/04/opinion/sunday/christianity-communism.html>.

sido destruidas se quedan con las que aún tienen refugio. Los que tienen agua de sobra la comparten con los que no la tienen. Este tipo de cosas suceden en comunidades de todo el mundo en situaciones de emergencia, porque la gente es buena y se preocupa por los demás en tiempos de necesidad. La historia de los primeros cristianos compartiendo «todas las cosas [en] común» es una historia igualmente inspiradora, parte de la historia temprana de una fe que llegaría a cambiar el mundo.

¿Por qué hay que politizar este acontecimiento? ¿Por qué tomar un modelo pensado para circunstancias extraordinarias, llamarlo comunismo y luego agitar para que el gobierno lo imponga de forma generalizada? Imaginemos que uno de los vecinos del barrio afectado por el huracán dijera al final de la emergencia: ¡Vivamos así para siempre! La mayoría de la gente tendría más sentido común como para tomarse en serio esa sugerencia.

Estas prácticas de los primeros cristianos en tiempos de gran pobreza y miedo fueron actos voluntarios inspirados por la llamada del Evangelio. Son una gran ilustración y testimonio de la inspiración que proporciona el cristianismo para cuidar del prójimo. Las economías modernas, aunque de forma menos dramática, ponen en práctica estos sentimientos en instituciones benéficas, organizaciones sin ánimo de lucro, comedores sociales y otras iniciativas filantrópicas, todas ellas inspiradas por la poderosa verdad de que no todas las necesidades materiales de las personas pueden satisfacerse únicamente a través de la producción y el comercio, que hay necesidades que van más allá de lo que cualquier mercado pueda proporcionar. Tal vez la familia, como institución que acoge el dar y el compartir, y la *koinonía*, que los cristianos comparten en la mesa del Señor, sean los ejemplos más íntimos y extendidos de este principio.

Leer estos pasajes como si fueran sociales y políticos, en lugar de fundamentalmente sacramentales y morales, supone distorsionar los relatos evangélicos forzándolos dentro de una matriz economicista y materialista. Esto no es exégesis sino política, no es espiritualidad sino ideología. Interpretar estos pasajes como algo hostil a la propiedad privada es no ver la diferencia entre redistribuir la propiedad y compartirla. Esta interpretación oscurece la naturaleza radical de la afirmación cristiana sobre la Iglesia como Cuerpo de Cristo, la comunión de los santos que constituyen «un solo pan y un solo cuerpo, pues todos comemos del mismo pan» (1 Corintios 10, 17).

Luke Timothy Johnson, un estudioso del Nuevo Testamento experto en Lucas y en los Hechos de los Apóstoles, ha escrito una profunda inmersión en la forma en que san Lucas (el autor de ambos libros) trata las posesiones a lo largo de sus escritos.[100] Aunque el tratamiento que Johnson da a este tema es demasiado técnico y extenso para el lector general al que va dirigido este libro, aporta un correctivo clave a la interpretación que he esbozado más arriba. Johnson hace una observación crítica de sentido común, pero a menudo pasada por alto, que es aplicable mucho más allá de Lucas, pero especialmente importante para una comprensión precisa de lo que «todas las cosas [en] común» significaba para la Iglesia del siglo I. En la medida en que disminuye la propiedad privada, también lo hace la caridad, que es fundamental para la vida cristiana. Como señala Johnson, «una comunidad de bienes haría imposible la limosna».[101]

En términos más generales, Johnson muestra que, en los escritos de san Lucas, «pobre» representa una condición de marginado más que una condición económica: la «baja condición» de María en el *Magnificat* (Lucas 1, 48), que indica humildad más que pobreza monetaria en concreto, por ejemplo.[102] A la inversa, cuando vemos a Jesús ir a casa de Zaqueo, que «era rico», recordamos que, como recaudador de impuestos, él también era un marginado, razón por la cual la multitud «murmuró» cuando Jesús «lo recibió con alegría» (Lucas 19, 6-7). Johnson muestra que «la pobreza no es una designación económica, sino una designación de estatus espiritual».[103]

Convertir la descripción de Hechos de los Apóstoles 2, 44 de

100. Johnson, Luke T., *The literary function of possessions in Luke-Acts*, Scholars' Press, Estados Unidos, 1977, p. 39.

101. Ibídem., p. 10, nota 3.

102. Ibídem., p. 136.

103. Ibídem, p. 139.

tener «todas las cosas [en] común» en un paradigma socialista que suprime y prohíbe la propiedad privada es darle la vuelta a todo el significado de la experiencia cristiana del siglo I; simplemente pasa por alto la descripción más completa de este mismo acuerdo unos pasajes más adelante, en Hechos de los Apóstoles 5, 1-11, donde la propiedad y el control de los bienes de Ananías y Safira son afirmados de forma bastante explícita por nada menos que una autoridad como el propio san Pedro, que dice: «¿Es que no la podías retener cuando la tenías? Y, una vez vendida, ¿no eras dueño legítimo del precio?» (versículo 4).

El cristianismo, tal como se muestra en el libro de los Hechos de los Apóstoles, ni expropió la propiedad de nadie ni le obligó a «compartirla». Por el contrario, el cristianismo primitivo inspiró a la gente a compartir, a renunciar a sus posesiones legítimas por amor.

La llamada del Evangelio trasciende tanto las pretensiones de la ley civil como todos los sistemas económicos, al mismo tiempo que es más radical en las exigencias que plantea a la conciencia. Es un gran error confundir ambas cosas. En el orden de la gracia, puede decirse que las cosas se mantienen en común: nadie es rechazado de los ministerios de la Iglesia cristiana por su estatus o clase económica.[104]

104. Agradezco a mi colega del Instituto Acton, Dylan Pahman, sus observaciones sobre este asunto.

Agradecimientos

Prácticamente ninguna empresa humana se realiza a nivel puramente individual, aunque sólo sea porque los seres humanos nunca son puramente individuales. Estamos en algún tipo de relación desde el primer momento de nuestra existencia. Y lo mismo ocurre con este libro.

Para no establecer una analogía demasiado augusta, estos capítulos han pasado por un proceso no muy distinto del de los propios evangelios: el primer nivel de reflexión se extrajo de homilías que había pronunciado a lo largo de muchos años de trabajo pastoral, algunas registradas en manuscritos escritos, más a menudo en esquemas y bocetos. Numerosas, variadas y dispersas notas y retazos de cualquier papel que tuviera a mano también me ayudaban a recordar una idea que me resultaba útil para comunicar una nueva perspectiva o aplicación. Hace mucho tiempo adquirí el hábito del modelo del (ahora santo) papa Juan Pablo II, que a menudo rezaba con un bolígrafo y un bloc de notas a mano, y muchas de estas reflexiones también contienen material que se encuentra redactado en estas páginas.

Compartir algunas de estas reflexiones con amigos y colegas de confianza me ayudó a llenar lagunas, ya que me señalaron fuentes e ideas que darían más profundidad y sustancia a mi pensamiento, todo lo cual llegó a incorporarse a este texto.

Estoy especialmente agradecido a Jeff Tucker, que desde el principio me ayudó en este proceso desentrañando mis notas y deshaciendo muchos nudos en las transcripciones originales y ofreciéndome agudas conexiones económicas. Y al profesor Klyne Snodgrass, gran estudioso de las parábolas, que dedicó parte de su tiempo a leer este manuscrito y mejorar su contenido.

Asimismo, mi agradecimiento a mis siempre fiables (y a menudo obstinados) colegas del Instituto Acton por su infatigable e inspiradora labor en favor de la causa de una sociedad libre y virtuosa. Entre ellos se encuentra especialmente Kris Mauren, con quien cofundé el Instituto Acton en 1990 y que me ha sucedido como presidente. Mi fiel, siempre paciente y detallista ayudante Katharine Harger, mantuvo el rumbo del barco. Nathan Mech fue de gran ayuda en una primera lectura del borrador. El Dr. Sam Gregg, Dylan Pahman y Dan Hugger también aportaron sugerencias útiles y me ayudaron a localizar material original. De nuestro pequeño ejército de becarios de Acton, en los que se podía confiar para un sinfín de tareas, quiero dar las gracias a Isabella Maciejewski, Maggie Tynan, Maryn Setsuda y Michaela Page por su ayuda en este sentido. Mi viejo amigo David Milroy, también empresario, ha sido un gran estímulo para completar el libro.

Es un honor volver a colaborar con una de las editoriales más venerables de Estados Unidos, Regnery, que ha librado la buena batalla por la libertad humana durante tres cuartos de siglo; y volver a trabajar con su «editora por excelencia», Elizabeth Kantor, que pulió mis perlas y «asesinó a algunos (pero no demasiados) de mis "queridos"». Gracias también a su hábil correctora Laura Spence Swain. Aunque este libro llegó a buen puerto gracias a la ayuda de estos numerosos colaboradores, la redacción final sigue siendo, por supuesto, responsabilidad mía.

Bibliografía

Amplified Holy Bible, Zondervan, 2017.

Aquino, Tomás de, *Suma de teología*, RBA, 1975.

Hipona, Agustín de, *Confesiones de san Agustín*, Alma, Barcelona, 2022.

The Babylonian Talmud (Seder Nezikin). *Baba Metzia*, Rebecca Bennet Publications Inc., Estados Unidos, 1959.

«Bankruptcy law in the United States», EH.net, <https://eh.net/encyclopedia/bankruptcy-law-in-the-united-states/>.

Benedicto, XVI, *Deus caritas est* (carta encíclica). Ciudad del Vaticano, 2005, <http://www.vatican.va/content/benedict-xvi/en/encyclicals/documents/hf_ben-xvi_enc_20051225_deus-caritas-est.html>.

Biblia sacra: Juxta vulgatam clementinam, ed. Michael Tweedale), Baronius Press, Reino Unido, 2008.

Blomberg, Craig. «Jesus, sinners, and table fellowship», *Bulletin for Biblical Research*, 19, 1 (2009), pp. 35-62.

«A brief history of bankruptcy», Bankruptcy Data, <https://www.bankruptcydata.com/a-history-of-bankruptcy>

Brown, Raymond *et al.*, *The new Jerome biblical commentary*, Prentice Hall, Estados Unidos, 1990.

Bruenig, Elizabeth, «How Augustine's confessions and left politics inspired my conversion to catholicism», *America Magazine*, 25 de julio del 2017, <https://www.americamagazine.org/faith/2017/07/25/how-augustines-confessions-and-left-politics-inspired-my-conversion-catholicism>.

Cam, Deniz, «The biggest billionaire winners and losers of 2019», *For-*

bes, 20 de diciembre de 2019, <https://www.forbes.com/sites/denizcam/2019/12/20/the-biggest-billionaire-winners-and-losers-of-2019/#4dc47bcc3ec2>.

Cardenal, Ernesto, *El evangelio en Solentiname*, Trotta, Madrid, 2006.

Catechism of the Catholic Church, Ciudad del Vaticano, <http://www.vatican.va/archive/ENG0015/_P81.HTM>.

Chafuen, Alejandro, *Faith and liberty*, Lexington Books, Estados Unidos, 2003.

Churchill, Winston. «The cause of the left-out millions», discurso en St. Andrew's Hall, Glasgow. En *Never give in! The best of Winston Churchill's speeches*, seleccionado y editado por su nieto Winston S. Churchill, Pimlico, Reino Unido, 2004.

Cowan, David, *Economic parables. The monetary teachings of Jesus Christ*, Paternoster, Reino Unido, 2006.

Dreier, Peter, «Jesus was a Socialist», *The Huffington Post*, 26 de diciembre del 2017, <https://www.huffpost.com/entry/jesus-was-a-socialist_b_13854296>.

Engels, Friedrich, «On the history of early Christianity», Marxists Internet Archive, <https://www.marxists.org/archive/marx/works/1894/early-christianity/index.htm>.

Fernandez, Francis, *In conversation with God: Meditations for each day of the year*, Scepter Press, 1989.

Fitzmyer, Joseph, *The Gospel according to Luke*, Doubleday, Estados Unidos, 1981-1985.

Flavio Josefo, *Antigüedades de los judíos*, Clie, Viladecavalls, 1989.

— *La guerra de los judíos*, RBA, Barcelona, 2008.

Fonck, Leopold, *The parables of Christ: An exegetical and practical explanation*, Roman Catholic Books, Estados Unidos, 1997.

Francisco, papa, *Fratelli Tutti* (carta encíclica), Ciudad del Vaticano. <http://www.vatican.va/content/francesco/en/encyclicals/documents/papa-francesco_20201003_enciclica-fratelli-tutti.html>.

Fuglie, Keith O., MacDonald, James M. y Ball, Eldon, «Productivity Growth in U.S. Agriculture», *Economic Brief* n.º 9, septiembre de 2007. U.S. Dept of Agriculture Economic Research Service.

Gadenz, Pablo, *Catholic commentary on acred Scripture: The Gospel of Luke*, Baker Academic, Estados Unidos, 2018.

Gaudium et Spes, <https://www.vatican.va/archive/hist_councils/ii _ vatican_council/documents/vat-ii_const_19651207_gaudium-et-spes_en.html>.

Gregorio Magno, *St. Gregory the Great: Homilies on the Gospel of St. Luke*, citado en Fernandez, Francis, *op. cit.*

Griswold, Daniel, *Mad about trade: why main street american ahould embrace globalization*, Cato Institute, Estados Unidos, 2009.

Hart, David Bentley, «Are Christians Supposed to Be Communists?», *The New York Times*, 4 de noviembre de 2017, <https://www.nytimes.com/2017/11/04/opinion/sunday/christianity-communism.html>.

— «Mammon ascendent», *First Things*, junio de 2016.

Hayek, F. A. *La fatal arrogancia: los errores del socialismo*, Unidad Editorial, Madrid, 1992.

Holy Bible revised standard version. The Division of Christian Education of the National Council of the Churches of Christ in the United States of America, 1971.

Holy Bible revised standard version Catholic, Ignatius, 1994.

Hultgren, Arland J., *The parables of Jesus: A commentary*. Wm. B. Eerdmans Pub. Co., Estados Unidos, 2000.

Jeremias, Joachim, *Jerusalén en tiempos de Jesús*, Ediciones Cristiandad, Madrid, 1977.

— *Las parabolas de Jesús*, Verbo Divino, Estella-Lizarra, 1997.

— *Palabras desconocidas de Jesús*, Ediciones Sígueme, Salamanca, 1996.

Johnson, Luke T, *The literary function of possessions in Luke-Acts*, Scholars' Press, Estados Unidos, 1977.

Jowett, Benjamin, *The Dialogues of Plato in five volumes*, vol. III, Oxford University, 1892, <https://www.john-uebersax.com/plato/myths/ship.htm>.

Juan Pablo II, *Centesimus annus*, (carta encíclica), Ciudad del Vaticano, 1 de mayo de 1991, <http://www.vatican.va/content/john-paul-ii/en/encyclicals/documents/hf_jp-ii_enc_01051991_centesimus-annus.html>.

Kuttner, Robert, *Everything for sale: The virtues and limits of markets*, University of Chicago Press, Estados Unidos, 1999.

Lapide, Cornelio a, *The great commentary of Cornelius a Lapide: The Holy Gospel according to Luke*, Loreto Publications, Estados Unidos, 2008.

Levine, Amy-Jill, *Relatos cortos de Jesús: las parábolas enigmáticas de un rabino polémico*, Verbo Divino, Estella-Lizarra, 2016.

Marx, Karl, *El capital*, Siglo XXI, Madrid, 2021.

Mattera, Philip, «Debt Trap», Corporate Research Project, <https://www.corp-research.org/e-letter/debt-trap>.

McDowell, Erin, «These 10 billionaires have all gone broke or declared bankruptcy—Read the wild stories of how they lost their fortunes», *Business Insider*, 26 de marzo del 2020, <https://www.businessinsider.com/rich-billionaires-who-declared-bankruptcy-2019-7>.

«Mediation», TWM Solicitors, <https://www.twmsolicitors.com/our

-services/dispute-resolution/wills-estate-administration-and -distribution-disputes/mediation/>.

Meier, John P., *Un judío marginal: nueva vision del Jesús histórico*, Verbo Divino, Estella-Lizarra, 1998, vol. V.

Miranda, José Porfirio, *Communism in the Bible*, Orbis, Estados Unidos, 1992.

Mises, Ludwig von, *El socialismo: análisis económico y sociológico*, Unidad Editorial, Madrid, 2003.

Mitch, Curtis; y Sri, Edward, *Catholic commentary on Sacred Scripture: The Gospel of Matthew*, Baker Publishing, Estados Unidos.

Morse, Jennifer Roback, «The modern state as an occasion of sin», *Heartland Policy Study*, 71, 1 de febrero de 1996, <http://heartland .org/policy-documents/no-71-modern-state-occasion-sin>.

Mueller, Jennifer, «How to Solve Inheritance Disputes with Mediation», Wikihow Legal, 21 de octubre del 2021, <https://www .wikihow.legal/Solve-Inheritance-Disputes-with-Mediation>.

Myers, Ched, *Binding the strong man: A political reading of Mark's story of Jesus Twentieth Anniversary Edition*, Orbis Books, Estados Unidos, 2017.

Nolland, John, «The role of money and possessions in the parable of the Prodigal Son (Luke 18:11—32)», en Bartholomew, Craig G.; Green, Joel B.; y Thiselton, Anthony C., *Reading Luke: Interpretation, reflection, formation, scripture and hermenetuics*, Zondervan, Estados Unidos, 2005.

Pfund, Colbey, «Five reasons to reinvest in your own company», *Forbes*, 2 de octubre del 2018, <https://www.forbes.com/sites/theyec/ 2018/10/02/five-reasons-to-reinvest-in-your-own-company/ #60462da62da4>.

Ratzinger, Joseph (papa Benedicto XVI), *Jesús de Nazaret*, Ediciones Encuentro, Madrid, 2018.

Roover, Raymond de, *Business, Banking, and Economic Thought in Late Medieval and Early Modern Europe*, University of Chicago Press, Estados Unidos, 1975.

Schmalz, Matthew, «Taxing the Rich to Help the Poor? Here's What the Bible Says», *The Conversation*, 10 de diciembre del 2017, <https://theconversation.com/taxing-the-rich-to-help-the-poor -heres-what-the-bible-says-88627>.

Schumpeter, Joseph A., *Historia del análisis económico*, Ariel, Barcelona, 2015.

Scott, Bernard Brandon, *Hear then the parable: A commentary on the parables of Jesus*, Fortress Press, Estados Unidos, 1990.

Séneca, Lucio Anneo, *Tratados morales*, Espasa, Barcelona, 2012.

Singer, Isidore, *The Jewish encyclopedia: A descriptive record of the his-*

tory, religion, literature, and customs of the Jewish people from the earliest times to the present day, Funk and Wagnalls Company, Estados Unidos, 1905.

Snodgrass, Klyne, *Stories with intent: A comprehensive guide to the parables of Jesus*, William B. Eerdmans, Estados Unidos, 2008.

—, «The Temple Incident», en Bock, Darrell L.; y Webb, Robert L. (eds.), *Key Events in the Life of the Historical Jesus: A Collaborative Exploration of Context and Coherence*, Mohr Siebeck, Estados Unidos, 2009.

Taylor, Kyle, «Why you need to reinvest half of what you earn back into your company», *Entrepreneur*, 23 de junio del 2015, <https://www.entrepreneur.com/article/247614>.

Teresa de Calcuta, «Called to profess, not success», *Catholic Life*, 28 de marzo del 2017, <https://catholiclife.diolc.org/2017/03/28/called-to-profess-not-success/>.

Tosato, Angelo, *Vangelo e ricchezza: nuove prospettive esegetiche; a cura di Dario Antiseri, Francesco D'Agostino e Angelo Petroni*. Rubbettion, Italia, 2002.

Varela, Adrian Francisco; y Moynihan, Qayyah, «17 billionaires who lost the most in the past year», *Business Insider*, 23 de enero del 2019, <https://www.businessinsider.com/the-17-billionaires-who-made-the -biggest-losses-in-the-past-year-2018-2019-1>.

«What Is Inheritance Dispute Resolution?», Attorneys.com. <http://www.attorneys.com/wills-trusts-and-probate/trusts-and-estates/inheritance-dispute-resolution>.

Wieser, Friedrich von, «Return Value», en Smart, William (ed.), *Natural Value*, Macmillan, Reino Unido, 1893, libro III, parte 1, cap. 1. <https://oll-resources.s3.us-east-2.amazonaws.com/oll3/store/titles/1685/Wieser_1282_EBk_v6.0.pdf>.